青春力量丛书编委会

丛书顾问：顾作义

丛书主编：杨　成　涂敏霞

丛书编委会（以姓氏笔画排序）：

　　　　　　王　静　冯英子　匡梦叶　杨　成
　　　　　　吴冬华　何艳棠　邵振刚　罗飞宁
　　　　　　胡　国　钟　良　郭晓英　涂敏霞
　　　　　　谢栋兴　谢碧霞

青春力量丛书

为了美丽乡村

记乡村振兴青年志愿者

丛书主编 杨 成 涂敏霞
主 编 钟 良
副主编 罗飞宁 郭晓英

广东高等教育出版社
Guangdong Higher Education Press
·广州·

图书在版编目（CIP）数据

为了美丽乡村——记乡村振兴青年志愿者/钟良主编.—广州：广东高等教育出版社，2024.5
（青春力量丛书/杨成，涂敏霞主编）
ISBN 978-7-5361-7461-0

Ⅰ.①为… Ⅱ.①钟… Ⅲ.①青年志愿者行动—概况—中国 Ⅳ.①D432.6

中国国家版本馆 CIP 数据核字（2023）第 114669 号

为了美丽乡村——记乡村振兴青年志愿者
WEILE MEILI XIANGCUN——JI XIANGCUN ZHENXING QINGNIAN ZHIYUANZHE

出版发行	广东高等教育出版社
	地址：广州市天河区林和西横路
	邮政编码：510500 电话：(020) 87553335
	http://www.gdgjs.com.cn
印　刷	广东信源文化科技有限公司
开　本	787 毫米 × 1 092 毫米 1/16
印　张	11.5
字　数	179 千
版　次	2024 年 5 月第 1 版
印　次	2024 年 5 月第 1 次印刷
定　价	35.00 元

总　　序

　　青年是整个社会力量中最积极、最有生气的力量，国家的希望在青年，民族的未来在青年。建功新时代，青春力量从不缺席。广大青年把志愿服务作为成长发展的重要课堂，在服务青少年、服务社区的生动实践中打磨，在乡村振兴的艰苦环境中淬炼，在应急救援的急难险重任务中挺起青春脊梁。习近平总书记曾多次给青年志愿者写信，勉励他们"积极参加志愿服务，主动承担社会责任"，在志愿服务"青春盛会中展现自己的风采"，"让青春之花绽放在祖国最需要的地方，在实现中国梦的伟大实践中书写别样精彩的人生"。

　　广东是开创志愿服务领域多项全国第一的志愿服务大省，首开全国第一条志愿服务热线"中学生心声热线"、首提系统建设"志愿者之城"……作为全国开展志愿服务重要阵地的广东，青年志愿服务起步早、发展快、质量高，无论在繁华城市，还是在美丽乡村，广东青年志愿者的身影无处不在，他们用青春热血践行"奉献、友爱、互助、进步"的志愿精神。

　　青年处处皆奋斗，青春处处皆榜样。青年志愿者是城市跳动的脉搏，是乡村亮丽的风景。有一种青春叫作闪亮，他们是服务青少年的青年志愿者；有一种青春叫作奋斗，他们是开展乡村振兴的青年志愿者；有一种青春叫作暖心，他们是服务社区的青年志愿者；有一种青春叫作守护，他们是开展应急救援服务的青年志愿者。众多的青年志愿者，他们想人民之所想、解人民之所急、行人民之所嘱，为社会发展凝聚起崇德向善的强大力量。

　　让榜样力量触达青春心灵，是我们用心用情编写"青春力量"丛书，讲好青年志愿者故事的努力和探索。丛书共有4册，分为《闪光的青春——记服务青少年的青年志愿者》《为了美丽乡村——记乡村振兴青年志愿者》《微志愿大社区——记服务社区的青年志愿者》《守护的青春——记应急救援青年志愿者》。丛书共收录56位在服务青少年、乡村振兴、服务社区和应急救援等青年志愿服务领域极具代表性的广东青年志愿者的故事，有扎根祖国边疆助力乡村振兴的"柯兰"（在柯尔克孜语中是"勇敢"的意思，常用来形容"大漠英雄"）姑娘、有坚守雪域高原行医的"仁心医者"，有20多年如一日专注社区志愿服务的"怒放红棉"，有救援足迹遍布全国的"菠萝队长"……他们衣食无忧而不忘奉献、岁月静好而不丢奋斗，让青春在志愿服务中出彩闪光，彰显新时代的青春力量。

  本书由全国首家政府主导建立的专门从事志愿者培训和理论研究的公益机构——广州志愿者学院联合广东高等教育出版社组建编写团队，在共青团广州市委员会的指导下，在广东省志愿者联合会、广东省志愿者行动指导中心（广东省希望工程服务中心）、广州市文明办、广州市志愿者行动指导中心、广州市志愿服务发展中心等单位支持下，用了一年多的时间开展故事采写。我们希望能以青年的视角、温暖的文字，多角度、真实地呈现他们在各领域从事志愿服务生动、鲜活、感人的青春故事，彰显新时代志愿服务的青春风采，镌刻新时代志愿服务的志愿精神。

  青年，不只是人生一个阶段，更是一种精神面貌，蕴藏着无限的发展可能；青春力量，不只是时光的符号，更是每位年轻人蕴含的各式各样的蓬勃力量；志愿服务，不只是一种生活方式，更是一种人生态度，蕴涵着崇高的志愿精神！与青年志愿者同行，让志愿服务成为一种生活方式，共同为全面建设社会主义现代化国家、全面推进中华民族伟大复兴凝聚强大力量！

2023年10月

前 言

　　《为了美丽乡村——记乡村振兴青年志愿者》是"青春力量丛书"之一，本书记录了来自不同行业、不同背景的广东乡村振兴青年志愿者，以及他们在参与乡村振兴志愿服务过程中的点滴故事与感人事迹。党的二十大报告指出，全面推进乡村振兴，建设宜居宜业和美乡村。本书从青少年励志角度出发，讲述了青年志愿者在乡村振兴领域的志愿服务故事，立体展现青年志愿者走进乡村，弘扬奉献、友爱、互助、进步的志愿精神，用实际行动展现了新时代青年人的责任与担当，以此来激励青少年成为胸怀"国之大者"，争当伟大理想的追梦人。

　　绿水青山就是金山银山。加快转变生产生活方式，加快乡村教育发展，促进乡村生态宜居建设，都是推动乡村振兴的内容。本书编写者邀请了在全国各地进行乡村振兴志愿服务的 13 位优秀青年讲述他们如何深入乡村振兴一线的故事。他们当中有来自澳门却心系内地偏远山区发展的白领青年，有参加西部计划远赴西藏、新疆支援的大学生志愿者，有到贫困山区服务的山区计划大学生志愿者，还有扎根城市郊区的农村服务的青年志愿者……他们的故事是鲜活的、励志的、催人奋进的，他们的精神是高尚的、可贵的、让人动容的，犹如他们的足迹，遍布祖国需要的地方，形成一个个路标，给青少年以启示。

　　志愿服务是一种精神，也是一种生活；是勇于担当，也是传递温暖。作为基层社会治理的重要力量，乡村振兴志愿者在促进基层社会和谐，保障和改善民生，营造良好社会氛围方面持续发力。通过开展乡村振兴志愿服务，相互尊重、团结友爱、和谐互助得以成为习惯性行动和常态生活方式，有助于乡村形成向上向善的社会环境，增进人与人、人与社会之间的和谐。志愿服务在乡村基层社会治理过程中，通过引导、交流等柔性治理方式，疏通民意、调解冲突，建立人与人之间真实、温情的联系，从而缓和社会矛盾，有效预防冲突的发生和蔓延。

乡村振兴志愿服务在一些人看来似乎遥不可及，可这却是乡村志愿者们一段难能可贵的日子，这段日子里的所见、所闻、所察、所思、所想、所悟、所获，是一幅乡村振兴工作的原生态图景。他们的故事展现了勇敢、质朴、善良、坚强、热心的志愿者形象，他们用志愿行动为美丽乡村建设添上了浓墨重彩的一笔。本书通过乡村振兴志愿者这一特殊群体，从侧面折射了我国脱贫攻坚战取得的巨大成就。希望这本书能让青少年在感受美丽乡村之余，拥有不断追求健康、积极、乐观的正能量。

编　者

2023 年 10 月

目　　录

扎根在海拔三千多米高原边境的广东姑娘
　　——新疆生产建设兵团志愿者邵书琴的故事 …………………… 1
将青春播撒在祖国最需要的地方
　　——西藏支教志愿者林丹芸的故事 …………………………… 14
在志愿服务道路上不曾停歇的西行青年
　　——西部计划志愿者林育焜的故事 …………………………… 26
一枝一叶总关情
　　——澳门青年志愿者协会会长裴承贤的故事 ………………… 39
甘走千日道，杰出凤山来
　　——广西山区志愿者吴道杰的故事 …………………………… 53
支教山区，育人遇己
　　——粤东山区志愿者刘璐的故事 ……………………………… 65
因为淋过雨，才懂得撑伞人的意义
　　——服务山区留守儿童志愿者刘楠鑫的故事 ………………… 80
做乡村孩子的"小朱姐姐"
　　——山区计划志愿者朱慧伶的故事 …………………………… 94
他从山乡走来，又回到山乡去
　　——乡村振兴志愿者石家敏的故事 …………………………… 105
扎根基层的"排头兵"
　　——从化区人民法院法警孙金光的故事 ……………………… 117

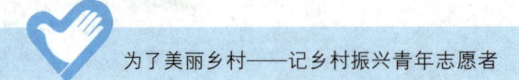

平凡的微光照亮前行的方向
　　——广州广播电视台志愿者谢仁晓的故事 ················· 131
一颗公益心，一生环保行
　　——环保公益人熊国柱的故事 ························· 146
心谋大家利，奉献绽芳华
　　——服务乡村志愿者谢利芳的故事 ····················· 160
后　　记 ·· 172

扎根在海拔三千多米高原边境的广东姑娘
——新疆生产建设兵团志愿者邵书琴[①]的故事

一张海报引起的"冲动"

2013年，邵书琴即将从广东外语外贸大学毕业，也已得到在物流外企和一家银行工作的机会，如无意外，这个广东出生、广东长大的姑娘就会继续在广东工作、成家，在繁华的都市中书写自己的未来。

临近毕业季，学校校道上贴满了各式各样的校招海报。一张印有"到西部去，到基层去，到祖国最需要的地方去"口号的海报吸引了邵书琴的眼球，她挤到围观的同学中间，默默念了几次海报上的话，"用一年不长的时间做一辈子难忘的事"，心底好像隐隐萌生了一个热血涌动的念头。

从宣讲报告会回到宿舍，她就从大学生志愿服务西部计划（以下简称"西部计划"）官网上下载了报名表格，当时距离西部计划正式开放报名还有不到一周的时间。

西部计划开启报名通道的第一天，邵书琴就拿着填好的报名表来到

---

① 邵书琴，新疆生产建设兵团第三师托云牧场文体广电服务中心主任，志愿服务时数720余小时，投身到新疆兵团高原边境牧场的乡村振兴志愿服务中，曾荣获第二十二届"中国青年五四奖章"、2016年"全国最美志愿者"、2022年度"全国高校毕业生基层就业卓越奖"等荣誉。

为了美丽乡村——记乡村振兴青年志愿者

校团委办公室。负责西部计划的校团委老师有点惊讶:"省项目办刚给各高校项目办开了动员会,名额刚分配下来,你的报名表就到了,你的行动也太迅速了。"老师接过邵书琴的报名表,记住了眼前这个清瘦、说话温声细气却眼神坚定的姑娘。

选择服务地时,对新疆生产建设兵团(简称"兵团")一知半解的邵书琴只因在纪录片里看过王震带军入新疆、创造沙漠变绿洲的奇迹,就决定要报名前往。因为第三师是广东对口援建的,所以邵书琴被分配到了第三师图木舒克市服务。

一心到基层的志愿者

在乌鲁木齐岗前培训即将结束的时候,邵书琴得知自己可能被分配到第三师师机关服务。当年西部计划大学生志愿者的规模相对较小,关于基层服务经历的相关优惠政策也还不那么成熟,志愿者中想去基层的较少,更希望留在喀什师部或条件便利一些的单位。邵书琴却一心要到团场去,哪个团场都行,边远或困难一些的团场更好。就因为这个执着的念头,在岗前培训暨出征仪式的前一夜,邵书琴给当时的团委书记发了一通短信,阐述自己想到团场服务的决心,就这样,她邂逅了托云牧场。但当时邵书琴没有第一时间告知家人自己的服务单位,因为网上的资料上写着,"托云牧场平均海拔3000多米,高寒干燥。地处少数民族边境地区、边疆地区、贫困地区,自然条件恶劣,社会形势复杂"。为了不让家人担心,邵书琴只说自己分到了团场服务:"这里的团场就是县级单位,相当于老家的县城了。你们放心吧!"邵书琴这样"哄骗"着远方的亲人,心里却对"团场是什么,去了干什么"没底。

来喀什接邵书琴的是当时的托云牧场党委副书记。那天来接邵书琴时,这个皮肤晒得黝黑的领导打量着这个瘦弱的广东女孩和她手里那个"巨大"的行李箱,很是严肃地说道:"小姑娘你考虑清楚,我们那里条件不好,要真去了,可别待不了几天又跑了,还得我把你送回来。"邵书琴被这

扎根在海拔三千多米高原边境的广东姑娘——新疆生产建设兵团志愿者邵书琴的故事

突如其来一番怀疑的话泼了一盆冷水,一路坐在车上看着两旁的戈壁、飞扬的尘土不敢作声。后来她才知道,书记一见面就说这么严肃、不近人情的话,是他真实的担忧——这些年来了又走的年轻人太多了,想留下几个年轻人很不容易。但也许这番话激发了邵书琴的斗志——她不愿意让别人小瞧这个看起来比较瘦小的广东姑娘,更不愿意让别人认为"90后"的孩子吃不了这份苦头。邵书琴心里暗暗想:"志愿者没有当逃兵的。"

一年里她就爱上了基层

当年喀什—托云牧场没有通高速公路,临近牧场的六七公里全是沙土路,车一驶过,窗外就什么都看不见了,等车停下来,眼前已经是另一番景象——几栋不超过三层的矮小住房,四面被光秃秃的黄山包围着……她喃喃自语道:"不是牧场吗,不是应该风吹草低见牛羊吗……"驾驶员师傅看出了她的心思,哈哈大笑道:"我们牧场嘛,条件没有北疆好。这里没有大草原,羊每天都要爬山找草吃。羊有呢,多着呢,都在连队的山里。"邵书琴怔怔地点了点头。

来之前,邵书琴已经查了新疆工作生活"攻略",听说网购时"新疆不包邮,甚至不发货",她大大的行李箱里装满了生活必需品。虽然已经做了心理准备,但到了托云牧场,还是有不小的心理落差。托云牧场位于帕米尔高原上,海拔在2200~4800米,冬季最低气温可达零下20多摄氏度。与广东常见的绿水青山完全不同,没有想象中的"风吹草低见牛羊",牧场周边都是黄山戈壁,山上光秃秃的,稀疏地长着一些倔强的草根。夜里,还没有路灯的场部伸手不见五指,转一圈也见不着几个人,安静得只能听见风的呼啸声和自己的呼吸声。

当年的牧场,只有一个铁皮搭建的简易小商店,连常用的毛巾、牙刷都买不上,新鲜蔬菜瓜果更是要到六公里外的口岸去买。场部与口岸之间并没有公共交通,只能在路边等过往的便车,有时一等就是一个多小时,邵书琴索性边走边等,有时"运气不好",眼看快走到口岸了才拦上便车，后来她索性边跑边等，跑的次数多了，她甚至觉得很有意思，遇到便车也连连摆手不肯上车。日子长了，当地很多牧民都见过这个背着双肩包跑步去口岸买菜的小姑娘："姑娘太能跑了！"

不知道是凭着大家说的坚韧，还是年轻人的倔强，邵书琴这个广东姑娘似乎很快适应了这里的气候，跑步、打球，身体越来越健壮，还在这里跑出了自己的第一个"半马"；学会了做拉面、抓饭，大口吃肉，大碗喝马奶，日常饮食活像个西北人；学会了柯语日常用语，到热情淳朴的柯尔克孜族老乡们家中吃饭做客。尽管如此，她常常是一个人往返家里和办公室，最亲密的朋友只有学校里的小孩子，在干燥得流鼻血的时候只想喝一碗"广东靓汤"……

英语专业的邵书琴看似在托云牧场没有真正用武之地，但她始终相信大学四年，学到的除了专业知识外，更重要的是通用素质，"现学现干，现干现学，不轻易说自己没学过、不会干，尽可能多学一点，多干一点"，邵书琴这么要求自己。到牧场服务的第二个月，她接到了托云牧场小城镇建设现场观摩会的解说任务，靠着一遍遍跑连队踩点、多背多问，短短两周时间把分别在三个方向、距离场部都超过85公里的三个连队跑了十多趟。一开始到了海拔3000多米的连队，她有点高原反应，一向不晕车的她在崎岖蜿蜒的山路上也有点"晕路"，到连队的时候脸色青紫青紫的，但邵书琴没有说过一句"不行"，下车踩点、上车默背、回家默写，硬是把托云牧场情况烂熟在心，圆满地完成了解说任务。

邵书琴的服务岗位是"基层社会管理"，被分配到牧场工会办公室工作。当年的工会主席说起邵书琴，说"她身上有用不完的能量"，"没来几天就把工会帮扶系统摸得透透的，不光熟悉了系统里的信息，还闲不住完善了里头的缺漏信息"。连队社区的书记觉得她做事情不厌其烦："柯尔克孜族牧民的名字少说六七个字，多的有十几个字，这个丫头把我们连队社区的花名册要去，一个个跟系统里的核对修正。我们都服了！"提起这段工作经历，邵书琴不好意思地笑了，"没工作任务的时候我会着急，总想着我来一年必须多做点什么。完善工会帮扶系统里牧场的困难职工信息，看似不紧急、不必要，却帮着我很快熟悉了连队社区的职工情况"。邵书琴"爱找活干"的名声在机关传开了。

扎根在海拔三千多米高原边境的广东姑娘——新疆生产建设兵团志愿者邵书琴的故事

完成所负责的工会业务工作之余，邵书琴还到学校给孩子们上梦想公开课。在一次题为"做最好的自己"主题班会课上，她让孩子们在纸条上写下自己的梦想以及实现的计划，许多孩子在纸条上写下了"警察""老师""医生""舞蹈家"，但有几个孩子写的"梦想"出乎意料，深深触动了她的心，有孩子写道：我要好好学习，长大了赚钱，给爸爸买辆摩托车，爸爸走路放羊太辛苦了；有孩子写道：我的爸爸妈妈老了，我长大了要回连队，帮他们放羊……这些在山里长大的孩子，他们见过的世界太小了啊，他们纯朴简单的梦想"卑微"得让人心疼啊！在与孩子们接触的过程中，邵书琴发现这些可爱的高原孩子，很多都不曾进过城，他们接触和了解的世界太小太小了，他们对外面的世界是如此如此地好奇；也许是缺少目标，或者是父母一年只能回两次家，缺乏家庭关注和辅导，孩子们普遍学习动力不足、基础也较差……"都说教育公平是最大的公平，他们应该看到更大的世界。"邵书琴边观察边与当地教师交流，认为在国家的重视和大力投入下，当地教育硬件条件是十分不错的，孩子们更需要的也许是更好的师资、更多的陪伴、更多的讯息。"爱找活干"的邵书琴找到在喀什城区服务的10余名志愿者小伙伴，开起了周六周日"小课堂"，每人固定为5~6名孩子做语文与数学作业辅导、才艺

2013年，邵书琴（中间）与志愿者小伙伴和托云牧场学校的孩子们在一起

爱好兴趣培养、心理关爱与梦想启发。让人欣慰的是，通过一段时间的持续努力，孩子们的学习习惯明显改善，自信心增强，学习动力也增强了。有的志愿者因工作来不了牧场，她或他的"孩子"会失望地拿着早就圈画出来的疑难问题一直追问原因。在这个过程中，邵书琴收获了志愿服务的无限快乐，也被这些孩子和他们父母的纯朴融化，被这片土地对自己的需要所牵绊，产生了留下来的想法。

2014年春节假期结束，也就是邵书琴来到牧场服务的半年后，她收到三张明信片。上面是孩子们用不太工整的字写的内容："书琴姐姐，谢谢你对我这么好，我希望你不要走。""书琴姐姐，你是一个善良的人，也是一个美丽的人，我祝你永远幸福。""姐姐您在我心中像一个善良懂我们的心的姐姐，祝你全家幸福。"邵书琴春节假期回家，孩子们以为她这一走就不回来了，把明信片塞在她的门缝里，敲开门就跑了。看着孩子们一溜烟跑走的背影，拿着孩子们亲手剪贴做出来的花花绿绿的明信片，她怔怔地站在原地，泪水悄悄模糊了视线。一个从前没有考虑过的问题提上日程："我要不要留下来？"

一年又一年扎根在基层

2014年7月，与邵书琴一同到场服务的几个年轻人服务期将满。牧场领导有意留下这些年轻人，还没来得及找他们谈话，已经收到两份结束服务期申请。"年轻人们要走，我们都能理解，离家太远了，条件与许多地方相比也太艰苦了。心里不舍得，很惋惜，但也尊重和支持他们的选择。"场领导为当时服务期满的几个年轻人都准备了"散伙饭"，在饭桌上，邵书琴却说："我不走了，我要留在这里。"离开的两个志愿者小伙伴抱了抱邵书琴，其中一个山东小伙在饭桌上都哽咽了，"邵书琴，你真是好样的！我们都会想你的"。

邵书琴自己也没想到，当年一张海报引起的"冲动"让她义无反顾来到离家5000多公里的新疆，后来三张明信片带来的感动又让她动了留

扎根在海拔三千多米高原边境的广东姑娘——新疆生产建设兵团志愿者邵书琴的故事

服务期过半，邵书琴收到托云牧场学校孩子们写给她的明信片

下来继续服务的念头，更没想到，这一留就是九年。

回顾在基层成长的这九年时间，邵书琴和牧场一起经历了很多的"第一次"。2016年担任社区党支部书记期间，她看到牧场毗邻吐尔尕特口岸、伊尔克斯坦口岸的优势，想带动当地职工、青年销售边贸特色商品；又看到牧场柯尔克孜羊绿色无污染的独特品牌价值，想尝试发展电商，为牧民打开牛羊肉销路。但电商要做起来，营销文案、屠宰分割包装、物流寄送、平台建设都需要钱，更需要人，谁又愿意跟着她一起冒险做"第一个吃螃蟹的人"呢？那年正值大众创业、万众创新的时候，邵书琴这个"初生牛犊"也来不及深思熟虑，大胆向牧场党委请缨，在牧场领导的支持下牵头运营起当地第一个青年创业就业电子商务孵化基地。一间空置门面，墙上的柜子都是邵书琴自己盯着打出来的，几张沙发茶几、两台电脑，基地就算落成了。她跟着有经验的当地人跑到乌恰县城进货，学着辨别白蜂蜜的真假、格鲁吉亚红酒的好坏，学着当地人用柯尔克孜语对话、砍价，用有限的预算进来了第一批商品。基地总算建起来了，邵书琴又主动将广东的亲朋好友发展为第一批客户，将价格适中、适合大众口味的格鲁吉亚红酒和吉尔吉斯白蜂蜜打造成热销产品，将牛羊肉做成了"限量版"礼盒装……在本职工作之外做这些的邵书琴，是个做兼职但不收取薪酬的客服、文案、销售、进货员、快递员。最早一批客户都是信任和照顾自己的广东老乡们，最担心的是红酒寄送途中破瓶了、牛羊肉经过寄送后口感和外观不佳了，怕失信于人。为了拓展客源，她找到自己朋友圈里的好友，远程反复沟通、一次次推倒重来，只为好的包装设计和市场文案。为了留住客源，更为了守住口碑，邵书琴总是要跟着职工一起去发货，反复叮嘱包装标准化、质量不能打折扣。

2016年，邵书琴（中间）在托云牧场青年创业就业电子商务孵化基地里为客人介绍商品

扎根在海拔三千多米高原边境的广东姑娘——新疆生产建设兵团志愿者邵书琴的故事

"书琴当书记带领职工卖货，我们肯定得下单支持，你能挣多少提成呀？"亲朋好友们问。

"一毛钱都不挣。"邵书琴老老实实地回答。

"一毛钱都不挣？那你一天到晚跑腿、倒贴钱地忙乎为了啥？"包括当地人都不理解，好奇地问道。

"为了带着职工把生意做起来呀，有收益了就会有人继续干了。为了让牧场的好东西被更多人知道、买到啊。太有成就感了！"一如2013年刚来牧场的时候那样，邵书琴还是那么"爱找活干"。

这个"冲动"的第一次，让她这个年轻的社区书记因为"真心、实干、能成事"得到了社区职工的认同。有了这次基础，就有了后来的许多"第一次"：第一次带着职工种蔬菜大棚，第一次说服妇女在家门口集体当起"绣娘"……邵书琴也有了居民对她的爱称"小小书记""笑笑书记"，有了第一个柯尔克孜族妈妈、姐姐……

没有种过地的她，动员同样没有种过地的柯尔克孜族居民一起种大棚菜。

"牧场天气冷，户外种菜不可能，但从别的高寒地方经验来看，大棚种菜是能成功的。我们不求能大规模种植商品化，但只要种成功两座大棚，就能保证场部居民在家门口能吃上绿色蔬菜，大雪封山也不怕了。"

"书记，我们支持你。但我们也没有种过大棚菜，我们都不会啊。"看到邵书琴这么坚持，居民们的态度也从一开始"高原种不了蔬菜，别瞎折腾了""谁也没种过大棚，成功不了"的质疑、犹疑转变为后来的感动、支持。

邵书琴从乌恰县请来从事大棚种植的工人。从翻地、除草开始，每一个环节她都在地里盯着看。一进大棚，她的近视眼镜片就蒙上一层雾气，什么都看不见了，她乐观地说："这就像我们种大棚的过程，两眼一抹黑地进来了，自己要主动睁开眼睛、擦亮眼镜，很快就能看清楚了。"居民们也受感染了，一起蹲在棚里，目睹大棚里的种子发芽、出苗、长秧，一起收获第一批蔬菜。在广东天天能吃上新鲜蔬菜的邵书琴，吃着大棚第一批出来的小白菜，"成功了就行，累都不提了"。她把脸埋进碗里，忍不住掉下了眼泪。

她还注意到，当地很多柯尔克孜族妇女为了照顾孩子，都不外出工

为了美丽乡村——记乡村振兴青年志愿者

作,等孩子长大了,也是在家做饭、打扫房子,没有走出家门挣钱致富的意识和能力。

一次,她在居民吐孔·沙热家中走访。"吐孔大姐,我听说你2014年就在三连搞起了刺绣,怎么现在不做了?"

"有朋友介绍一些小订单,但我一个人做不完,就不接单了。"

"场部这么多妇女,只有你一个人会做刺绣吗?"

"那倒不是,会简单刺绣的也多。但大家都在自己家里干家务,我也不知道找谁合作。"

邵书琴心里暗自琢磨,"社区应该成立合作社,让她们知道找谁合作,有能力接订单"。她有自己的"算盘"——刺绣挣钱多少并不是最重要的,要通过刺绣合作社鼓励妇女们走出家门、接触社会,鼓励妇女们独立自强、为家庭增收致富。

邵书琴(中间)与社区妇女们交流,鼓励她们走出家门增收致富

在邵书琴的"软磨硬泡"下,吐孔·沙热牵头成立了帕米尔刺绣合作社。她带着吐孔到妇女姐妹们家中串门谈心,很快有10余名妇女同意加入合作社试一试。社区多了一道美丽的风景线——妇女姐妹们聚在庭

扎根在海拔三千多米高原边境的广东姑娘——新疆生产建设兵团志愿者邵书琴的故事

院里、楼房前,边聊天边做刺绣活,拉家常声、说笑声让小小的场部变得热闹起来。更多的妇女也"闻声而来"加入了刺绣队伍。

"吐孔,你可以接更多的订单,应该接更多的订单。按件付费,把身边的姐妹都带动起来做活,让大家都有事可干,有钱可挣。"在邵书琴的一次次鼓励、引导下,吐孔·沙热找到了方向,坚定了信心,牵头组建了一支有60余名社员的"绣娘"队伍,刺绣产品卖到了克州、喀什。

2016年,邵书琴(左)与当地妇女在合作社里交流柯尔克孜族刺绣

"书记身上的活力很打动我们,我们觉得跟她一起做事很开心,她是我们的好书记、好妹妹。"多年以后,已经获得"致富带头人""巧手绣娘"等荣誉的吐孔·沙热这么评价邵书琴。

一生青春奉献第二故乡

除了工作上的成长进步,邵书琴还在这里收获了自己的爱情。在志愿服务期间,她认识了在托云牧场学校工作的特岗教师李晓楠——一个甘肃小伙。

领导同事们总爱调侃"甘肃洋芋蛋捡到了个大宝贝",笑着追问他们的恋爱经过:"你是啥时候喜欢上小邵的?你是不是外貌主义?"

李晓楠脸一红:"我还真不是外貌主义。书琴经常到学校来给孩子们上课,下班后还常常看到她在操场上跑步,就觉得她特别有活力。刚来的那段时间,连我都觉得牧场特别荒凉,特别是一到周末,牧场都找不到个能说话的人,有一次我自己走在河坝后面的戈壁滩上,越走越想家,忍不住都要掉眼泪。但无论什么时候,书琴好像都是笑着的。我觉得这个女孩太乐观了。"

"说说你是怎么把小邵追到手的,没少费功夫吧?"

李晓楠憨憨一笑:"也没费多大功夫。刚开始,我还以为她肯定是要回广东的,谈了也白谈,所以也没表白。眼看她的服务期快结束了,场领导都急了,旁敲侧击地提醒我。我抱着试试看的心态,没想到她已经做了要留在牧场工作的决定,她都没觉得牧场苦。"李晓楠又补充道:"我还挺佩服她的。"

2016年邵书琴与志同道合的李晓楠结婚了,2018年他们的宝宝出生了,柯尔克孜族朋友给宝宝取名"玉米提",寓意希望、未来。新疆生产建设兵团成了这个幸福小家的第二故乡。

九年前,邵书琴只是凭着朴素的一腔热血、"一时冲动"来到新疆;九年后,她把家安在了新疆,对新疆更多了一份守护的使命。现在的她最骄傲的身份之一是"西部计划宣讲员"。2016年至今,她多次到内地高校做西部计划招募宣讲,俨然成了兵团的"代言人"。她甚至拥有了一批"铁粉",她的朋友圈里有一大半都是志愿者。

当年西部计划宣讲报告会上的前辈杨小华曾经来到邵书琴所在的牧场。"书琴带着我去场部后面的戈壁滩上煮羊肉,旁边就是她提到过的光秃秃的黄山。我们一边吃着羊肉,她一边讲起这些年在牧场的经历,她手舞足蹈地介绍道,哪些楼房是当年没有的、后来新建的,现在场部多了几个商店……言语间都是自豪,眼神里都是骄傲。我们一行都被她打动了,仿佛她工作生活的地方不是在一个偏远的边境牧场,而是在希望的田野上……"

邵书琴在宣讲报告会上说得最多的一段话是:"尤其是获得中国青年

五四奖章之后，我突然'涨粉'了。这些报名参加西部计划的学弟学妹们，与其说他们'粉'的是平平无奇的我，不如说，他们'粉'的其实是敢于有梦、勇于追梦，并幸运地在偏远边陲圆梦成长的青春模样。我想感谢当初那个但行好事、不问前程的自己，感谢当年'一定要用青春做点事'的单纯初心，这一路走来，我收获的，远比我付出的更多、更珍贵。可能我们的新疆、我们的兵团与很多发达地方相比还不够好，但比起在一个足够好的地方工作生活，更棒的是与这个地方一起变得越来越好。"

2017年，邵书琴（左二）到高校做西部计划巡回宣讲

为了美丽乡村——记乡村振兴青年志愿者

将青春播撒在祖国最需要的地方
——西藏支教志愿者林丹芸[①]的故事

她说:"我想,成为一名教师。我想去支教,因为曾经经历过,我能深刻地懂得生活的重量和幸福的来之不易。"

她是林丹芸,来自一个普通的农村家庭,在求学路上遇到过很多困难和挫折。但幸运的是,得益于政府、学校的政策扶持和社会各界的帮助,她得以顺利地完成学业。在困境中逆流而上,立志成才,心存感恩,传递温暖渐渐成了她对自己未来的期许。"以后如有能力,我一定要回报社会,去帮助其他人。"这不仅仅是她的心声,也是她努力的目标。

立志成才,心存感恩

2015年,她毅然决定报读华南师范大学(简称"华师"),并顺利成了一名师范生。在华师,她努力突破自我,尝试和经历着许多她不曾想过的第一次。

自身的成长经历让林丹芸深刻地感受到教育的公平性,这一切也让她更加相信,知识和教育能给予追梦的孩子更多希望的力量。

---

① 林丹芸,华南师范大学第七批研究生支教团志愿者,志愿服务时数2331小时,曾两度赴西藏支教,积极参与疫情防控,曾荣获"全国抗击新冠肺炎疫情青年志愿服务先进个人"、第七届"广东志愿服务金奖"、2020年第四季度"广东好人"等荣誉。

而她，希望自己能成为这份力量的接力者。大学期间的努力学习和志愿服务活动使她积累了丰富的经验。她，一直准备着。2018年，学校首次招募志愿者赴西藏林芝支教，这时候的林丹芸正面临就业和升学的抉择。对这段未知的旅途，对未知的高原，很多人劝她不要去，但在得知报名消息的当晚，她毫不犹豫地决定："我要去！我一定要去！"她说："这可能是我上大学以来做决定最快的一次。"是冲动吗？并不是，听了无数次的口号——到西部去，到基层去，到祖国最需要的地方去。她，已经准备好，成为下一个接力者。

梦想起航，教学相长

2018年8月13日，从广州出发，飞越3000多公里去到美丽的西藏林芝，林丹芸内心装着满满当当的欢喜。当地老师的一句"终于等到你们了"让林丹芸瞬间红了眼眶，更深知自己身上的使命和责任。

西藏的蓝天美景和逐步完善的基础设施建设，都让林丹芸感受到新奇和自豪。然而，远赴未知的高原必然伴随着困难，除了寒冷、缺氧、强日照的考验以外，心理上的孤独和思乡有时也会令她难以适应。面对学生学习的焦虑、项目开展的苦恼和身体的不适应也是常有的事。但林丹芸感受更深、更多的依然是充实和快乐。

初到要支教的学校，林丹芸主要负责教授高一年级的生物课，为更快地熟悉教学内容，她开始不断通读教材和教参，对教材内容的整体思路有了把握，明确知识点之间的内在逻辑关系。而课前备课，不仅要备教材、备课标，更要备学生，为了了解西藏孩子的学习方式，她常常去其他教师的班里"蹭课"，回来再自己琢磨。几次"蹭课"下来，她总结出了教学思路：课堂节奏慢一点，知识容量小一点，互动活动多一点。之后在备课时，她尝试着用更通俗易懂的方法让学生掌握知识点。慢慢地，林丹芸已经能从容地把握课堂节奏。

对于支教教师来说，除了教学，了解孩子们的生长环境和当地的风土人情也同样重要。2018年11月9日，在藏历新年的第二天，林丹芸第一次以教师的身份去家访。这一次家访，在西藏蜿蜒的路上途经的雪山、险境，也令她深感藏区孩子求学的不易。她说："如果不亲自走一趟，永远不知道地图上那些弯弯曲曲的路线要经过多少的雪山，永远不知道孩子们的求学之路有多漫长。"经过从学生到教师的身份转变，此时此刻的她更加懂得教师的使命与意义。孩子们的世界并不简单，与孩子们的相处需要技巧更需要用心，支教更不仅仅只是想象中的诗意。

林丹芸和队友们在课间时常以亲身经历向孩子们描述大山以外的世界，激励他们好好读书。"尽管支教教师们的力量和时间有限，但我们能做的就是在有限的时间里，通过与学生之间的互动，启迪他们生活还有很多不一样的可能性，启迪他们对未来有一个更好的青春想象。"

不忘初心，勠力同心

2018年10月20日，林丹芸和队友们去到了林芝市儿童福利院，与一群可爱的孩子相识。为孩子们辅导功课时，孩子们眼中充满了求知的渴望和兴奋，一个劲地问："哥哥姐姐，这道题答案对不对？""你看你看，我是这样算的……"滔滔不绝，非常可爱。第一次梦想课堂上，他们向孩子们介绍西藏外面的世界，在孩子们的心中种下梦想的种子，通过鼓励和引导，孩子们将自己的梦想画在纸上，让梦想像画一样近在咫尺，触手可及，告诉孩子们梦想是每个人都拥有的最基本的权利，对任何人来说都是如此。这是他们与孩子们的第一次见面，笑着说"再见"，约定着下次的见面。分开时，孩子们紧张的、期待的、自信的可爱脸庞，印在眼里，也印在他们心底。

2018年11月17日，天气阴转雨夹雪，但寒冷的天气并没有阻挡他们的步伐，在上次的接触后，孩子们对他们不再陌生，刚进门便迎面出来了一个兴奋的小可爱，高呼着"你们就是上次的哥哥姐姐"，然后迫不及待地拉着他们，兴奋地跟他们讲这段时间发生的一切。第二次梦想课堂，他们引导孩子们利用纸筒观察身边的世界，通过缩小视野，孩子们仿佛进入到另一时空的奇妙世界，开心地和彼此分享。看着一个个卷筒，就好像看着不同的窗口，每一个窗口都有自己独特的故事。"筒"一个世界，不同的视野，不同的故事，视野的转变使孩子们转变了看世界的角度。"世界那么大，我也想去看看。"孩子们脸上洋溢着的笑容如同冬日暖阳，别样灿烂。

2018年12月1日，这是林丹芸和队友们第三次去到林芝市儿童福利院，看到他们的时候，孩子们都非常高兴地围过来，叫着哥哥姐姐。有个热情的小孩将自己折好的千纸鹤拿出来与他们分享！

"给你，我喜欢的飞机！"

这是善良的孩子的"待客之道"！令大家为之动容！

"孩子们，你们的梦想是什么呢？"

"老师，我想当一名医生，我想救人。"

"老师老师，我想当一名歌手，给大家唱好听的歌。"

孩子们眼神中的认真和坚定至今都让林丹芸印象深刻，在那个瞬间，她似乎听到了梦想的声音，和她心底的声音一样，跟孩子们产生了共鸣。梦想，是最美丽的字眼，孩子们的梦想虽然很稚嫩，但，是最可爱、最纯真、最善良的。

小小核桃，萌动她心

西藏的学生们始终是林丹芸关于支教最鲜活的记忆。其中有一个学生，家离学校比较远，所以平时都住在学校。林丹芸经常会利用课余和周末的时间给他辅导功课。有一次课后辅导，在给学生讲一个知识点的时候，学生听了很多遍都没能理解，但却非常执着，没有放弃，所以林丹芸也耐心地给他讲了一遍又一遍，最后他终于弄懂了。在林丹芸看来，这可能只是很平常的一件事情，因为一直以来在华师所受到的教育都在告诉她要诲人不倦。但没想到的是，那天在她准备离开的时候，那个学生突然拉起她的手,非常认真地看着她说:"老师,谢谢您!谢谢您没有放弃我!"当她的手被松开时,她发现自己的手心里多了一颗小小的核桃。"虽然是一颗小小的核桃,但可能那是他最珍贵的零食,他偷偷地给了我。"

林丹芸说,这件事给了她深深的震撼和感动,这颗核桃一直被她珍藏着,每每看见,都会唤起她初次支教时与孩子们的回忆。她说:"当我看到它时我就会想起在林芝支教的那段时间,想起那群可爱、朴实、真挚的孩子们。所以我想,如果可以,我还想去,去陪伴孩子们一起实现他们美丽的梦想。"后来,没有犹豫,没有纠结,她又参加了学校的研究生支教团项目,第一志愿选报了西藏昌都的服务点。或许这就是她的信念,她一直追着的梦。

林丹芸说:"在我看来,我们青年人不仅要有诗和远方,更要有梦想和家国,在今天这个最好的时代,我很幸运能以一名西部计划志愿者的身份,从祖国繁华的地方去到祖国需要我们的地方,见证和参与祖国西部的发展。"

追梦人,梦追人

2019年8月9日林丹芸再次出发,这一次去到了西藏昌都。当她第一次踏入昌都,是熟悉和惊喜的感觉,看过很多次的照片,听前辈说过很多这里的故事,而这一次当自己真真切切地到了这里,这种感觉很奇妙,莫名地亲切。新生报到,信息录入,军训,入学考试,上课……和孩子们一样,林丹芸和她的队友们也开始了在昌都的故事。

高原缺氧但不缺精神。去到昌都,除了高原缺氧,基本生活条件和城市也有一定的差距。到了冬天,没有暖气,只有自己的床比较暖和,早上6点起床准备上早习时,有时水龙头全被冰冻上了,根本拧不开。条件虽然艰苦,但他们从来没有抱怨过。

昌都的孩子们是可爱的、淳朴的、害羞的、闹腾的,还有些调皮。

将青春播撒在祖国最需要的地方——西藏支教志愿者林丹芸的故事

报到那天，有的孩子是从距离学校400多公里的边坝县过来的，父母没能一起来，小小的个子，提着大包小包，却稳稳当当，空出来的手也不忘去帮一下旁边的同学，听到一声"谢谢"，却十分羞涩地低下了头。正式上课时，孩子们的热情很高，课堂上总是大声地、忘情地去回应老师的所有问题。有时孩子们像脱缰的马，怎么拦都拦不住，当他们的老师，是幸福的也是苦恼的，真是一群熊孩子。

在日常的教学工作之余，林丹芸和队友们主动放弃周末与节假日的休息时间，根据服务地需求开展志愿服务活动，做到"志智双扶"。她们开展粤藏书信和视频连线项目，为西藏农牧民子女打开一扇看世界的窗；开展"再见！传染病小怪兽"项目，向孩子们讲解常见传染病的危害和预防，帮助他们形成良好的卫生习惯；开展"情暖童心，阳光同行"项目，陪护特殊群体，告诉他们世界的精彩；开展"勤勤补习班"，为学困生助力，帮助孩子们更加靠近他们的梦想……

特别是下半年6月底到7月初，高考监考、项目大赛、工作总结、日常授课等很多事情都挤在一起，林丹芸和队友们每天从早忙到晚，有时熬夜到凌晨5点，休息两个小时后又起来干活，每个人都很疲惫。即便如此，大家都咬牙坚持了下来，只因为"一年时间太短，我们想做的事情又很多"。

支教学校的校长对志愿者们的精神赞许有加，他表示，支教团5名教师远离亲人朋友，远离繁华的都市，义无反顾地来到西藏的山区学校，他们克服了水土不服，克服了生活各方面的不便，把一颗炽热的心扑在这里的教育事业上，成为孩子们贴心的大哥哥、大姐姐，为这里的孩子、学校做出了很多实实在在的事情。

这是林丹芸第二次去到西藏支教，她遇到了人生中的第二批学生，302个可爱的孩子、500多节课、300多个日日夜夜、与队友们在福利院和特殊教育学校开展的40多场志愿服务活动……在这期间，曾为学生的学习焦虑过，为项目的开展苦恼过，为身体的不适沮丧过，为一些付出却没有成效的事情而失落过，但焦虑之时能看到清晨薄雾中路灯下默默背书的背影，项目开展过后孩子们开心的笑脸，相机记录下的动人瞬间，身体不适时队友的问候和学生偷偷塞过来的小纸条……这一切都让林丹

19

芸由衷地感受到，她坚持的事情是有意义的。如果说一开始她选择再次到西藏支教是热血的驱动，那当她真正来了之后，便更彻底地意识到她在做什么，她需要做什么。之前所遇到的所有的困难和挑战，都是为了让自己努力成长为一个不惑、不忧、不惧的心灵丰富之人。而支教不仅在于能带给孩子的财富或知识有多少，更关键的在于应尽自己最大的努力让孩子们看到更广阔的世界，心生对知识更多的渴望。

2019年9月21日，林丹芸走进儿童福利院开展植物野外认种活动

令人高兴的是，她的努力没有白费，有学生悄悄地写信告诉她："老师，我想走出大山，去看看外面的世界。""老师，我要努力学习，让家乡更加美丽、富饶。"而当她在学生写给自己的信中看到"我想成为像你们一样的老师，去帮助其他人"时，她很受触动，说道："就像华师在我们心中种下了一颗教育的种子，而现在我们将它传递给了自己的学生。"

林丹芸说："我们'90后'这一代出生在国家富强、科技发达的年代，我们也有自己的使命感，也希望尽自己的努力，为社会做点什么。现在，我们正享受着优质的教育，所以我希望能够尽自己的一份力量将教育带到祖国需要的地方，这就是我的使命感。而'我'只是这个群体中的一员。'让西部的孩子接受良好教育，用教育阻断贫困代际传递。'为了实现这一目标，每年一批又一批志愿者、援藏教师、干部，一个个

'我'汇集成'我们',接续奉献雪域高原,为孩子们传道授业解惑,用满腔真情播撒希望的种子。"

抗疫第一线,青年勇担当

2020年初,面对突如其来的新冠疫情,无数"90后"新时代青年主动投身防疫战疫行动,用行动证明,新时代的中国青年是好样的,是堪当大任的。作为一名党员,更作为一名西部计划志愿者,在疫情发生时,林丹芸一直在想:自己能做些什么?自己要做些什么?当看到学校团委招募"云支教"志愿者消息时,林丹芸找到了答案,主动加入华师青年战疫云支教突击队,成为一名"云主播"。

2020年2月10号下午14:30,林丹芸准时开始了她的直播课堂。"在你们还没察觉的时候,新冠病毒就已经欺骗了你们的黏膜细胞,悄悄地进入你们体内……"在屏幕前,林丹芸用生动的语言和学生们讲述着新型冠状病毒的感染过程,而远在西藏昌都的学生们正通过手机津津有味地听着。林丹芸说,在接到直播课程任务时,自己便决定要为西藏的孩子们开设题为"带你认识'新型冠状病毒'"的直播课堂,希望可以使学生关注新型冠状病毒及预防,增强主动预防疾病、增进健康的意识,养成良好的卫生习惯。为此,林丹芸查找了大量的资料,将课程设计得更加生动形象和通俗易懂,比如她将病毒感染人体的过程描述为病毒和免疫军队的一场战役。在直播结束后,课程受到好评。学生们在听完这节直播课后纷纷表示,"带你认识'新型冠状病毒'"这堂课让他们对新型冠状病毒的相关知识有了新的认识,他们会做好防护措施,也会告诉家长及身边的人,做好新冠病毒预防措施。随后,林丹芸将课程录制成微课,在学生未能返校期间,辅助支教学校开展防疫教育。与此同时,林丹芸紧跟支教学校"网络开学"的脚步,主动承担并完成七年级生物学科12个班级、699名学生的线上教学任务。

林丹芸积极响应"与抗疫一线医务人员家庭手拉手专项志愿服务"

的号召，为广州抗疫一线医务工作人员子女提供"一对一"在线学业辅导和陪伴。

她对接了中山大学附属第三医院医护工作人员的子女，辅导的是一名初二的女生，尽管难度不高，但她都会提前至少一天备好课。她回想起第一次以线上的方式进行授课时，由于不熟悉，学生的反应并没有她想象中的那般活跃，教学的推进比较被动，课堂上主要是她在讲，而且语音辅导有时会出现信号不好或无法直观地为学生展示一些例子的过程等困难。后来，林丹芸通过与学生沟通，改进教学的设计、形式和方法，课上有时为了讲清楚一个知识点，林丹芸一边通着语音电话，一边拍照发送一些板书笔记或提前准备一些有趣的视频或漫画图片，帮助学生克服学习上的难题，同时在过程中更多是以朋友的角色与学生交流。

"老师，我有个问题！""老师，我想知道……"一分耕耘一分收获，慢慢地，学生在课堂上更加活跃，开始愿意主动提问，课后还会和她分享一些喜欢的事情。"第五次课结束后，她开始主动和我分享一些她喜欢的事情，话多了许多，在电话这边我都可以想象到她说这些话的神情。"林丹芸开心地说道。在这过程中，林丹芸通过自己的努力，以温暖拥抱心灵，用关爱陪伴成长，不仅有效地减轻了医护工作人员的家庭负担，也为战胜疫情贡献了自己的青春力量。

跨越千里，传递温暖

随着全国疫情防控形势持续向好，各地复工复产有序推进，2021年3月下旬，林丹芸接到了返校通知，她非常激动，终于可以回去见学生了。规划返岗路线、采购防疫物资、查询返岗机票……一系列细致、扎实的准备工作过后，半路却杀出了个程咬金——林丹芸的"老毛病"咽炎发作，为了她的安全着想，学校暂缓她的返藏申请，希望她等到身体痊愈再出发。"当时心情非常着急，学生们都在等着我们回学校，自己绝不能拖了队伍的后腿！"随后，林丹芸积极配合治疗，每天都主动向组织汇报身体状况。终于在 4 月 9 号，体检报告出来，结果显示一切正常，林丹芸的返藏申请被批准了。"看到申请通过，自己当时激动得差点哭出来了。"林丹芸感叹道。

2021 年 4 月 11 日，"全副武装"的林丹芸和队友一行 5 人正式出发，经过 20 个小时的长途跋涉，于 4 月 12 日抵达了海拔 4300 多米的西藏昌都邦达机场。刚落地，是熟悉的眩晕感，但却让林丹芸非常开心，她终于又回来了。在正式上课的那一天，当林丹芸走进教室时，孩子都惊喜地大喊起来："林老师，您终于回来了，我们太想您了！"时隔 4 个月，林丹芸和她的队友跨越千里，从广东到西藏，从线上走到线下，终于重新走上挚爱的讲台，见到阔别已久的学生。回到岗位上的林丹芸和队友们马不停蹄地投入到紧凑烦琐的学生返校复学工作中，不仅协助学校对学生进行早午晚体温检测，还面向学生开展了学生返校复学、健康知识讲座、校园防疫宣传等校园防疫活动。

2021 年 4 月 21 日，林丹芸重返岗位为学生解疑答惑

结合新冠疫情，在共青团昌都市委、共青团华南师范大学委员会的指导下，林丹芸发挥生物专业特长，和支教团的队友共同设计编绘藏汉双语的《预防新型冠状病毒知识手册》原创绘本，同时开发生动有趣的健康知识课堂，以寓教于乐的形式面向农牧民子女宣传预防传染病知识。在团队的共同努力下，该项目累计使超过 3000 名农牧民家庭子女受益，

并通过"教育一个学生、带动一个家庭",助力西藏昌都市农牧区家庭传染病防治和公共卫生意识提高,该项目获第七届中国青年志愿服务项目大赛银奖。

心在哪,讲台就在哪

在西藏支教时,林丹芸还报名参加了"青年云支教"广东乡村成长计划,自 2020 年 7 月 1 日起,持续对接化州市一位初中学生。7 月 29 号结束了西藏支教服务后,林丹芸马不停蹄地跟随着"青春追梦,阅享成长"直播活动的队伍,跨越近 4000 公里,去到化州市宝圩镇和学生见面。

2020 年 8 月 9 日,林丹芸从西藏到茂名跨越 4000 多公里与云支教的学生见面

为了和学生多增进了解,林丹芸想出写信的方式,随信附赠的还有她为学生精心挑选的小礼物和书籍等,两人还一起看完了《小王子》。从线上帮扶到线下写信,从隔着屏幕到见面,她不仅履行了一个教师的职责,更是细心关照着孩子的心灵。

小王子浇灌花朵,林丹芸也是。她说心在哪,讲台就在哪,她愿把志愿当成终身事业，将教育梦践行到底。

林丹芸说："作为'90后'志愿者的我们，和医疗队的青年战士们不同的是，他们战斗在防疫的一线，而我们战斗在国家人民教育的一线。前线医疗队拯救的是未来，而身为支教教师的我们，培育的是希望。未来无论何时，无论何地，这种'让青春在党和人民最需要的地方绽放绚丽之花'的使命感都不会改变。只要国家和社会需要我，我都会选择挺身而出，我是一名'90后'党员，我绝不能缺席！"

现在，已经毕业的她毅然投身基础教育事业，成为一名人民教师，在三尺讲台上书写绚烂无悔的青春篇章！

为了美丽乡村——记乡村振兴青年志愿者

在志愿服务道路上不曾停歇的西行青年
——西部计划志愿者林育焜[①]的故事

广州大学华软软件学院学生处实习辅导员林育焜，在大学毕业前，摆在他面前的是两个选择：一是留校任教；二是参加西部计划。他，将会如何选择呢？

坚定不移，逐梦前行

心之所向，素履以往，生如逆旅，一苇以航。2016年暑期，林育焜参加了学校的"三下乡"活动。他，第一次离开广东，奔赴云南一个海拔2000多米的偏远小镇，为留守儿童开展支教活动。

作为队伍的负责人之一，林育焜负责与当地政府部门进行对接，兴许是缘分，政府派过来的工作人员正是两名大学生志愿服务西部计划（以下简称"西部计划"）志愿者。自此，他开始接触到了西部计划，尤其是在支教过程中，偶尔听两名志愿者讲述起他们的西行故事，这令他对西部计划愈发向往，愈加坚定他加入西部计划的决心。

---

① 林育焜，广州软件学院丝木棉服务队指导教师，曾任西藏自治区林芝市志愿者服务队总队长，志愿服务时数2426小时。曾参加大学生志愿服务西部计划，在林芝市负责雅鲁藏布江文化节、桃花节、跨喜马拉雅自行车极限赛等重大活动志愿服务工作，在新冠疫情期间，投身林芝市疫情防控志愿服务工作第一线；曾荣获2019年度西藏自治区"优秀共青团员"荣誉称号，连续两年获西藏自治区"西部计划志愿者"考核等次优秀、2021年共青团林芝市委员会"优秀志愿者"等荣誉。

在志愿服务道路上不曾停歇的西行青年——西部计划志愿者林育焜的故事

在临近毕业的那几个月里，周围的亲人、好友都难以理解他的选择。作为一名风景园林专业的设计生，他的专业能力扎实，专业技能在班内也是名列前茅，专业作品更是拿过省级、国家级的奖项，出去找一份适合的设计师工作对于他而言并非难事，所以他的父母很希望他能够尽快找到一份稳定的工作；作为一名优秀的学生骨干，他在学校深受领导、老师的喜爱，在担任实习辅导员期间，工作能力以及成效也是得到了领导与同事的一致认可，他们希望他能留在学校，继承教书育人的工作，发光发热。

然而，这些都是别人认为林育焜该走的路，并非他自己所想。作为一名共产党员、一名有志青年的他，决定打破自己依赖的舒适圈，毅然决然地选择了西部计划。正如习近平总书记所说："现在，青春是用来奋斗的；将来，青春是用来回忆的。"2018年，林育焜决定走出象牙塔，怀揣着满腔热血和远大抱负，8月，他踏进西藏这片神圣的土地，成为一名"到西部去，到基层去，到祖国最需要的地方去"的践行者，立志要为西部的发展、为祖国的建设奉献自己的青春与力量。

勇挑大梁，茁壮成长

在经过了10天的岗前培训、50多个小时火车上的相处之后，林育焜与广东队的其他志愿者已经凝结成了一个团结的集体，在志愿者派遣前一天的联欢晚会上，他与小伙伴们的精彩演出为彼此留下了美好的回忆。分别的时候，队长紧紧地抓着他的手，让他照顾好队员们。他望着车窗外那几个逐渐远去的身影，暗暗下定了决心，一定要在林芝做出成绩，不负众望。

抵达西藏林芝之后，他毅然选择与数十位志愿者共同参加林芝市西部计划项目办的面试，通过努力，他最终脱颖而出，留在了项目办，挑起2018届大学生志愿服务西部计划西藏专项志愿者林芝市总队长的大梁。

成为队长的林育焜，深知肩上的责任更重。这意味着在祖国西部地区挥洒自己的青春与热血，践行"奉献、友爱、互助、进步"志愿服务精神的同时，更要履行好身为一名队长的职责，当好志愿者与项目办之间沟通的桥梁，尽心竭力地为全市志愿者提供必要保障，同时，要带领好整支队伍，为林芝的脱贫攻坚工作贡献力量。

秉持着这样的信念与态度，他抓紧时间积极投身到工作之中，开始协助项目办组织新一届的志愿者，开展一段新的西部计划志愿之旅。

在林芝工作之后，林育焜逐渐了解到当地的经济发展绝大部分依托于旅游业，于是，他积极组织全体志愿者投身到雅鲁藏布江文化旅游节的筹备工作当中。但因为第一次组织市级的大型活动，缺乏经验，他在分配工作人员时，没考虑整体的安排，先满足了分会场的志愿者需求，结果剩下的志愿者数量远远满足不了主会场的工作需要，依靠十余名志愿者，来完成四五十名志愿者的工作量，难度大，但，也只能硬着头皮上。

当时的林育焜以为人员上的不足可以用加长工作时间来弥补，但当真正开始布置主会场时，才发现自己考虑得过于简单。布置主会场需要用到100张桌子，都是会议室使用的办公桌，又大又沉，他当时带着十余名志愿者去搬的时候，因为有电梯，所以哪怕是多消耗一些时间，也还是可以接受，但运到主会场之后，还需要依靠人力将100张办公桌通过楼梯搬到三层高的观众席处，这个过程并不是耗时长就能完成的。

1张桌子需要至少两人合力才能搬得动，搬运3趟左右，几乎所有的志愿者都累倒了。第一天，大家咬着牙，花了5个多小时，才搬了50多张桌子，还有将近一半未搬。第二天，林育焜再组织志愿者继续完成任务，但是，因为前一天搬运桌椅有的撞伤、有的扭伤或拉伤，好几个志愿者实在没办法，向他请假了。

在收到这些请假消息时，林育焜的内心特别自责，他明白请假的志愿者并不是在找理由逃避，因为他自己完成一天的搬运量，手脚都有一定程度的拉伤，只是作为负责人，自己只能咬咬牙继续干。仅仅是布置会场，他们总共花了3天时间，才将100张桌子搬上了观众席，而这短短的3天，林育焜的心理防线却几乎崩溃，因为来的人一天比一天少，到了第3天，他把单位的同事喊过来也才凑了7个人。他因自己前期没有调配好人员使得主会场的人手不足导致大部分志愿者受伤而自责，再加上有好几名志愿者跟他请假时都在向他"倒苦水"，当时的他，心里特别难受。他一度认为自己并不适合总队长这个岗位，甚至有想过当逃兵。尽管内心挣扎，望向这广阔的天空，仿佛有一股力量仍在支撑着他，而这股力量就是他的理想与初心，既然选择了，就要一往无前，在还没有做出一点成效之前，他不能退缩。

在活动结束那一天，所有人都走了之后，他自己一个人坐在观众席上，静静地凝望着整个主会场，反思着自己的做法与问题，及时地总结。从那以后，林育焜在组织开展大型的志愿服务活动时，尤为慎重，会从多方面考虑，主动联系相关单位，了解活动详细情况，并且逐步形成了自己的一套工作思路，能够做到让上级满意的同时也能让并肩作战的志愿者积极、踊跃地参与到志愿服务活动当中。

林育焜在全市志愿者会议上交流学习

为了美丽乡村——记乡村振兴青年志愿者

深入基层，助力脱贫

　　2019年2月，林育焜来到了林芝市朗县朗镇的托麦村，与单位的一名部长一起承担起驻村工作，成为一名驻村工作队员，着手推进托麦村的脱贫攻坚工作任务。刚进村的那一天，林育焜跟着单位慰问结对帮扶对象的车一起下到村子里，从市区到托麦村，将近5个小时的车程，沿途没有栏杆的山道、坑坑洼洼的路段、荒烟蔓草的土地都给他带来了极大的震撼。因为向来有着西藏"小江南"之称的林芝给人的感觉一直都是绿水青山、生机勃勃，他从未想象过林芝也会有这般的不毛之地，这不由得让他更加坚定了自己的初心，要珍惜这短短两个多月的驻村时光，为村里的脱贫工作出谋划策，贡献自己的一份力量。

　　由于山道上限速，抵达托麦村的时间比预计的晚了。刚到村委会，还没安顿下来，林育焜便开始与其他同事一起张罗慰问结对帮扶对象的工作。考虑到山道走夜路比较危险，他在与前一批的驻村工作队完成交接后，便提议让单位的车赶紧回去。

　　这天午后，在队长的安排下，林育焜正在村委会的小办公室撰写着慰问的信息简报。突然，听到大院外的敲门声，出来一看，正是慰问的帮扶对象之一。这是一名年过六旬的老太太，此时她穿着一身朴素的藏族服饰，苍老的面孔上带着慈祥的笑容，一只手提着一个水壶，另一只手正敲着村委会的大铁门。见状，林育焜赶紧迎了上去，为老太太打开了村委会的大门。进门后，老太太边往院中央走，边对林育焜说着一口流利的藏语，听得他是一愣一愣的。最终，在经过一番"你比画我猜"以及听懂了老太太说的几个不是特别纯正的普通话词汇后，他总算明白了老太太的来意，是为了感谢他们一直以来对自己一家的帮助与支持，特地送了一壶刚煮好的酥油茶过来给他们尝尝鲜。在零下几度的2月，这杯酥油茶温暖了林育焜的心，他觉得自己来西藏是值得的。

　　经过了一天的忙活，林育焜总算回到了属于自己的小房间，弓着身子躺在了与自己身高不匹配的藏式小床上，凭借着脚边"小太阳"传递出来的温暖，安然入睡，在睡梦中结束了自己第一天的驻村生活。

林育焜到村里正好是2月中旬，还有几天就要过年了，对于藏民们来说，这个年也很特殊，他们除了中国传统的春节以外，还有一个独属于藏族的藏历新年。而这一年，藏历新年正好紧挨着春节，这意味着很多外出务工的村民能够有更长的假期时间陪伴在家人的身边，一起度过这个特殊新年。一时间，整个村庄都弥漫着喜庆、欢乐的氛围。而此时，远离家乡的他，难免有点思乡愁绪。

此时的村委会却显得异常忙碌，村民们在为新年的到来忙碌着，而林育焜在忙着更新托麦村的各种台账与信息。一方面，因为年末很多工作需要进行总结，如村里设施运行情况、基础设施损坏情况、来年物资需求情况、村内产业发展情况等，这些都需要林育焜与其他的工作队员挨家挨户地去了解与统计。另一方面，作为边境地区，西藏一直以来都非常注重维护社会稳定工作，尤其是一些重大的节假日，因此村内的各项工作台账，如外来人员登记本、安全隐患排查登记本等都需要通过巡查来完善。这也使得林育焜在春节前的驻村工作非常充实，尽管语言不通，很多时候的交流就是微笑、点头、招手，但并不影响他与村民们的感情，一个微笑、一次招手，他很快就与村民们打成一片，相处十分融洽。

过年的时候，林育焜与其他队员无法回家过年，他们应邀来到了托麦村的活动中心，参与体验藏民们过年的风土习俗。在一片欢声中，林育焜被村里几个年轻的藏族小伙拉进了围着篝火跳着锅庄舞的队伍，他模仿着其他人的动作，跳起自己蹩脚的舞蹈，脸上洋溢着欢快的笑容，身处他乡，却感到十分温暖。

就在这时，不远处一堆人的举动引起了他的好奇，他凑了过去，向身旁的会讲普通话的村干部了解得知，这是他们村里的致富带头人，正在给今年村里面参与致富项目的村民发红利。林育焜借此机会跟致富带头人和村干部了解了村里致富项目的情况以及来年计划，盘算着如何发挥驻村工作队和帮扶单位的作用，给予村里面帮助与支持，着力扩大项目的覆盖面、开拓新的致富产业项目，让更多的村民能够参与其中。

为了美丽乡村——记乡村振兴青年志愿者

　　在回到村委会之后,林育焜与其他队员一起探讨了致富项目的相关事宜。随后,一份关于托麦村果园种植计划的方案在他们的思维碰撞中很快便"出炉"了,该项目计划获得了服务单位和镇里的经费支持,作为果园前期的投入资金,为果园种植计划注入新鲜血液。

　　"噢,赤来,有个村民来了村委会这里,我听不懂他在说什么,不知道他是想来办理什么业务,我现在把电话给他,你问一下,帮我翻译一下。哟哟,谢谢。"这样子的对话,几乎充满林育焜每天的驻村生活,兴许是在村里待久了,受到了浓烈藏族氛围的耳濡目染,他讲话的语调也有点像藏族的口音。

　　赤来是村里面普通话讲得最好的村干部,平时开村民大会或是去村民家里调研排查,林育焜总爱喊上这个跟他相差1岁的村副主任充当翻译。而林育焜也逐渐适应了这里的工作和生活,平时就在村里面到处巡逻,做安全隐患排查;帮村民们开取加油票、牲口死亡证明、出入境证明;撰写村集体的活动信息简报,向镇里强基办以及单位推报信息,汇报工作情况;定期了解和敦促村内致富项目的开展,发放贫困户补贴;等等。

　　当林育焜在驻村工作上逐渐得心应手时,一个更大的挑战悄然而至。3月是一个特殊的时期,对于西藏来说,西藏的几个关键时间节点都在3月,所以3月西藏的维稳工作等级非常高。在村里面,这意味着要安排每天24小时值班的工作队伍,值班人员需要在村委会驻点,不能擅自离开岗位,白天还需要安排巡逻队伍对整个村庄进行安全排查,等等。并且,要求驻村工作队以及村两委班子成员在此期间,不得离开村里。

　　对于林育焜来说,其实最艰难的并不是24小时轮值班,也不是制作各类3月维稳工作的台账本子,而是他能洗澡的次数变少了。作为一名土生土长的广东人,每天洗澡是必不可少的。可他自从驻村之后,洗澡却成了他最"难熬"的一关,因为村委会的条件比较艰苦,没有浴室,根本没办法洗澡,每次要洗澡都是找时间和几名队员开半个小时车前往镇上。但3月驻村工作队不得离开村居的要求一下来,他就连去镇上洗澡的机会都没有了。一个月下来仅仅洗了两次澡,都是去村民家里借用的浴室,这对他来说无疑也是身心的双重考验。同时,3月的气温还是很低的,村里面也很干燥,由于缺乏热水,林育焜的双手已经被冻得伤痕

在志愿服务道路上不曾停歇的西行青年——西部计划志愿者林育焜的故事

累累，好在他的意志比较坚定，都坚持了下来。

在准备结束驻村工作的那天，刚好村里面在搞活动，林育焜把村书记拉到了一边，跟他说："书记，我马上就要轮换了，新的队员已经在来的路上了，以后就由他跟大家一起奋战了。"听完这番话，村书记眼眶有些湿润，嘴里还用不太流利的普通话絮叨着："要走了吗？这么快吗？你还会再来吗……"边说还边握紧了林育焜的手，那沉重的力道似在传达

林育焜与村民到雅鲁藏布江支流开展护河行动

着他的不舍。不久之后，轮换的同事抵达了村里，林育焜在与他完成交接后，便收拾好自己的行李准备离开。临行前，几个村干部都过来为林育焜饯行，那一条条往他脖子上套的哈达，是对他的美好祝愿。在回去的车上，林育焜一直回顾着这两个多月的驻村工作，望着与他挥手告别的村民们，他的眼眶不由地流出泪水。回想起这段时间里，因为刚好处在特殊时间段，每天都在忙碌着，他几乎没怎么出过村庄；两个多月来，因为条件艰苦，总共只洗过 6 次澡。当然，作为一名驻村工作队员，这段时间，他也一直在认真贯彻落实好市、县两级强基办关于脱贫攻坚的各项工作部署，多次入户统计、核实村居各类指标情况，如贫困户数量、畜家禽数量、家庭人口组成情况等；协助村干部对道路、路灯、电线等基础设施进行多次排查，并及时联系相关部门对损坏的设施进行整修；数次前往第八批驻村工作队启动的藏香猪养殖项目点、藏碗加工项目点等调研，并根据实际情况对项目进行完善；结合乡镇脱贫致富项目，完成了对农家乐果园种植项目的材料申报，离开时果园种植项目已完成第一批的种植。时间虽短，但这次的驻村，给林育焜留下了深刻的印象；条件虽苦，但他坚守了自己的初心，为脱贫攻坚尽自己的一份微薄之力。

初心不改，使命担当

时光荏苒，林育焜的西部计划已到了尾声。在两年时间里，他与全市的西部计划志愿者开展和服务各类志愿活动、赛事、会议等，积极发扬志愿服务精神，树立志愿服务榜样，打造志愿服务品牌，为建设"五个林芝"、实现脱贫攻坚奉献青春力量。两年内，林育焜累计组织开展贫困家庭儿童慰问、中小学物资捐赠、爱心面包、儿童福利院关怀行动等助力脱贫攻坚志愿服务活动 40 余次，服务于雅鲁藏布江生态文化旅游节、桃花节、跨喜马拉雅自行车极限赛等助力当地旅游产业发展的大型活动及赛事 10 余场次，个人志愿服务时长达 4000 多个小时。他自己也曾表示，每当看到在自己与其他战友的共同努力下，林芝市完成了一项又一项的任务时，他都能从中感受到自身的价值以及参与志愿服务的意义，从而更加坚定自己的理想信念，以更好的姿态应对下一次的挑战。除志愿服务外，他也经常响应市委、市政府的号召，参加各类脱贫攻坚活动，通过下乡帮扶、结对走访、新型农产品宣传等形式，向贫困户们提供支持与帮助，为进一步实现脱贫攻坚奉献力量。

林育焜与志愿者同伴们共同服务于西藏自治区首届跨喜马拉雅自行车极限赛

志愿前行，初心不改，疫情当头，匹夫当先。2020年7月，在离别之际，林育焜再次主动请缨，前往拉萨进行2020年大学生志愿服务西部计划西藏专项志愿者培训协助工作，以及开展林芝市的志愿者接送工作。由于新冠疫情的影响，这一次的培训工作将在拉萨的两所酒店中封闭进行。林育焜自告奋勇，成为自治区项目办安保组的一名成员，负责在火车站接引来自全国各地的志愿者入住酒店。这期间，林育焜不惧风险、迎难而上，在做好个人防护工作的前提下，也单独接送过几个体温异常或是身体不适的志愿者前往专门的隔离酒店，交接给医务人员。

经过三天的努力，安保组终于将来自各个省份的志愿者接送回了酒店。随后，安保组便承担起了酒店进出管控以及秩序维护工作，所有的志愿者都需要进行好几轮的核酸检测。在检测结果出来之前，都只能待在各自的房间当中，不得随意串门、互动，所有的课程都是在房间内以线上形式进行，每天的餐食都是由酒店的工作人员以及林育焜他们这批从各地市调过来协助的志愿者进行配送。最终的核酸检测结果是令人安心的，600余名志愿者核酸检测均为阴性。在临近培训结束的前两天，林育焜才拿到分配前往林芝市的志愿者名单，经过一下午的努力，他每个房间挨个地敲门、沟通，才将这支队伍集齐。在这个过程中，他了解每个志愿者的情况，对于志愿者们提到关于林芝的一些问题，他也会尽心地解答，并且分享自己工作的心得与技巧；同时，他还招募了一批小组长，将整个队伍分成小组，由小组长来进行队伍管理。

培训期结束后，林育焜不舍地目送着几辆朝着林芝市方向驶去的大巴车逐渐消失在远方。

这一次他并没有跟随车队回林芝，他两年的西行服务期已经结束了。纵有不舍，还需离别，虽是离别，西行的点滴依然牵动着他的心。

"一载志愿服务行，终生雪域高原情。"回首这两年的西行之路，他受过委屈、有过感动、因工作失误而得到过教训，也曾无数次收到感谢、得到领导与战友们的认可。这些经历，让他成长了，也让他看到了自己的不足。选择赴藏，承受着思乡之苦，但也毅然担起了身为一名志愿者的责任，始终以志愿服务为宗旨，践行"奉献、友爱、互助、进步"的志愿精神，做好本职工作，提高自我思想觉悟，促进民族团结，为构建和谐、美丽西藏贡献一份力量，实不枉千里迢迢赴藏服务的这几度青春年华。

重新出发，再启征程

回到广东后不久，林育焜便接到了来自母校的电话：询问他的近况，并向他抛出橄榄枝，问他有没有意愿回到母校工作。他也没有再犹豫，直接答应了下来。因为此时在林育焜的心中，还是难以割舍掉在西藏林芝的经历，他最希望从事的工作是可以继续做志愿服务，让做志愿、做公益的星星之火继续燃烧。原本他也往一些公益机构投去简历，并收到了面试通知，但如果能回到母校工作，那就意味着他可以引导、带动自己的学生投身公益事业，这样自己能够发挥更多的余热，影响身边更多的人投身公益。

在志愿服务道路上不曾停歇的西行青年——西部计划志愿者林育焜的故事

2020年9月,通过面试,林育焜成功回到自己毕业了两年多的母校,在校团委担任专职团干,负责全校学生的志愿服务以及社会实践工作。

2021年1月,林育焜带着寒假社会实践队伍,到吴川市塘缀镇的曲田小学开展支教活动。他曾多次与曲田小学校长促膝长谈,从中了解到曲田小学并非公办学校,而是由校长自己出资建立起来的学校,里面的学生基本都是镇上的留守儿童,每年仅向学生家庭收取800块钱的食宿费用,整个学校的运营、老师的工资,一直以来都是依靠着镇政府的支持以及来自社会各界的爱心资助。听完曲田小学背后的故事,林育焜也向校长介绍了一些相关公益机构以及公益项目,并且自己也向一些从事公益事业的朋友咨询了解,帮助促成对曲田小学的一些援助项目。林育焜还与校长达成了长期合作协议,顺利在曲田小学进行挂牌,建立大学生实践基地。

2021年10月,林育焜在属地太平镇团委挂职,担任团委兼职副书记,他开始投入到高校大学生助力属地乡村振兴的志愿服务行动当中,多次开展文明交通劝导志愿服务行动,提升属地人们的文化素养;组织推报校内与属地共创的采集园项目、科技助力生猪产业升级项目参与"互联网+"青年红色筑梦之旅赛道评选,最终获评省级比赛铜奖。

近两年来,他更是持续推动学校社会实践工作步入新阶段。在2021年的暑期社会实践活动中,学校共计有1支获评全国重点团队、1支获评广东省灯塔实践队、5支获评省级重点团队、18支获评校级重点团队。此外,在他的组织与推荐下,学校的一些乡村振兴项目多次斩获殊荣,"禁毒防艾 筑梦青春"项目获评第十届广州青年志愿服务精品项目大赛三等奖、"青暖童心"项目获评广东省"两帮两促"优秀项目策划、"云上助农"项目获评广东省"益苗计划"重点培育项目。

林育焜在给学校青马班学员、学生骨干、入团积极分子开展培训的时候,经常提到:"无论是志愿服务还是社会实践,都是在温暖他人的同时,能够实现自我价值提升的一个过程。"他希望能够有更多的学生参与到建设美好家园、建设富强祖国的志愿活动当中,并且能够在这个过程里锻炼自己、增长阅历、提升综合能力。正如他自己所说的:"我的志愿之旅从未停歇,你们也要开始扬帆起航了。"

青春无问西东，奋斗自成芳华。林育焜在他最美的年华里，选择到西部、到祖国和人民最需要的地方去，用两年的时间做一件终生难忘的事，并将此精神持之以恒地传递下去。林育焜表示，他将继续坚守志愿岗位，向着阳光，一路奔跑，用实际行动践行作为一名志愿者应有的承诺，坚守初心。

　　以志愿之名，赴青春之约！让信念在岁月中成长，让青春在奉献中闪光。

一枝一叶总关情
——澳门青年志愿者协会会长裴承贤[①]的故事

1999年12月20日的澳门，是一片红绿交织的海洋。

人群中，无数面鲜红的国旗与绿色的澳门特别行政区区旗在舞动，汇成一片欢腾的海洋。

那一年，裴承贤16岁，他和家人守在电视机前，观看了这场交接仪式。

澳门这片命运跌宕的土地终于在百年后与祖国共享同一片天空，荧屏前的少年隐隐感觉到——很快，这里就会不一样。

澳门在回归的二十几年里，焕然一新。这种变化不仅被写进静穆的牌坊、繁忙的码头、灿烂的烟花里，也写在以裴承贤为代表的澳门青年身上。

他们长在新时代，见证了故土的历史性巨变，更用实际行动将爱国爱澳写入自己的青春答卷中，用赤诚的奉献之心共同喊出"强国有我"的青春誓言。

[①] 裴承贤，现任中国青年志愿者协会常务理事、广东省青年联合会常委，澳门青年志愿者协会会长。从事教育事业近二十年，获2022年贵州省"新时代的贵州人"荣誉称号、第十三届"中国青年志愿者优秀个人奖"；是《焦点访谈——我这十年》节目专题人物、2022年3月《中国青年》封面人物，带领团队获得2021年中国青年志愿者优秀项目奖。

为了美丽乡村——记乡村振兴青年志愿者

岂曰无衣，与子同袍

裴承贤是一名澳门土生土长的"80后"，2001年是他第一次长时间离开澳门，来到内地，虽然内心有着说不出的小紧张，但也正是这次机会让他亲切地感受到了祖国同胞们的爱。

那年裴承贤被暨南大学的电子信息技术专业录取，于是他离开家人独自来到了广州求学。虽然澳门到广州的路程并不遥远，广州也有很多人讲粤语，但当时澳门回归祖国才两年，教育体系与内地完全不同，存在较大的文化差异。澳门的课程教学以粤语为主，而普通话作为我国的官方通用语言，内地的老师会在课上统一使用。这让裴承贤感到很苦恼，从小在澳门长大的他对普通话接触得并不多，因此老师课上讲授的内容他听得比较吃力，相比于其他同学的学习稍有滞后。

如何跟上课程的学习进度成了一道难题，但这个难题很快被顺利解决了。

"承贤，放学之后一起去打球吧！"课后，同学们热情地与裴承贤交流，邀请他共同去球场上运动。

"不去了，我想再花多点时间看看书，复习一下课本内容。毕竟我听课有点吃力，不希望到时候考试和你们差太远了。"

"别着急，离期末考还有很久呢。先跟我们一起去打球，打完球吃完饭回宿舍我们再一起复习，顺便练练普通话。"

裴承贤拗不过同学们，最终还是跟着他们来到了球场一起打球。结束之后，同学们又带着他来到饭堂，并不断询问裴承贤生活上还遇到哪些困难。

同学们大部分都是来自珠三角一带的，会讲粤语，这让裴承贤不禁增加了几分心安与归属感，虽然他们并未成长在一个地方，但热情与帮助是他们之间友谊形成的最好纽带。

从那以后，同学们经常会教裴承贤普通话，互相探讨学习上的一些难题。节假日的时候，本地的同学还会带着他游览广州，品尝广州美食，领略广府文化之美。2001—2005年是裴承贤最难忘的时光，他第一次深刻地感受到虽人在异乡，但心却从未与大家有隔阂，"岂曰无衣，与子同袍"说的大概就是这样的道理。

从暨南大学毕业后，裴承贤选择回澳门当一名信息教师。回想起当时在广州遇到的同学们与感受到的热情，他也希望自己有机会帮助他人。

在朋友介绍下，裴承贤每次知道澳门有协会在做志愿服务时，都会毫不犹豫地报名。或许偶尔做一次志愿者可以给我们的生活带来不少新鲜感与自豪感，但唯有笃定，才弥足珍贵。

裴承贤就是那个笃定的人，志愿服务他一做就是14年，从未间断过。在这期间，他从一线志愿者一步步成长为澳门青年志愿者协会（以下简称"澳青志协"）会长，并与内地联合开展了上百次志愿服务与学习交流活动。

2017年，他有幸担任广东省青年联合会委员、中国青年志愿者协会第五届常务理事；2021年12月，裴承贤被共青团中央、中国青年志愿者协会授予第十三届"中国青年志愿者优秀个人奖"。

"为什么澳门有那么多的志愿者协会，你会选择加入'澳青志协'？"

裴承贤思考了一会，缓缓向我们阐述了他的想法："青年志愿者很有热情与活力，而青年工作是建设社会最好的起点。我希望通过这一群青年志愿者，可以建设属于我们协会的核心文化价值，使社会上更多的青年朋友们认可并加入我们。"

在这十多年间，裴承贤由前线志愿者到协会会长；从培训设计、项目策划到前线协调、外出救援、文宣创作等方面，他认为自己就像一瓶志愿服务的"万金油"，哪里需要支持，他就去到哪里。

2008年5月12日，四川汶川发生大地震，这件事紧紧牵动了海内外同胞的心，裴承贤对此也非常关注。虽然人在澳门，但他仍积极通过多种渠道去了解汶川当地信息。所幸的是，当时举国上下响应非常迅速，周边已有地市的专业人员在地震发生后第一时间赶往现场开展救援工作。

想到此次地震对汶川的破坏性以及之后的重建需要花费大量金钱，裴承贤马上动员协会成员一同走上街头为汶川送去祝福，并希望通过此次送祝福活动让更多澳门同胞了解到汶川的情况，能够贡献自己的一点力量去政府的募捐点进行捐款。

同年8月，台湾发生"八八水灾"，台风带来的暴雨、泥石流相继吞噬了500多条鲜活的生命。裴承贤了解到当地的情况后，马上召集志愿者共同制订计划支援台湾。那是他首次以团长身份带领"澳青志协"的伙伴们外出支援，他们也成了当时首支带领志愿服务队到台湾进行救援的澳门代表团，引起当时澳门各单位及海外华人的关注。

裴承贤（右一）在台湾"八八水灾"后协助清理现场

裴承贤与他的团队再一次用行动诠释了"岂曰无衣，与子同袍"的意义。或许一方有难、八方支援场面的反复出现源于我们每个中华儿女身上的血脉与情感认知。

《七子之歌》中唱道：

"你可知Macau不是我真姓，我离开你太久了母亲，但是他们掳去的是我的肉体，你依然保管我内心的灵魂。"

歌中的"灵魂"到底如何释义，裴承贤寻找了很久。

上学时，课本里写着"尊老爱幼是中华民族的传统美德"；《弟子规》里提到"事诸父，如事父，事诸兄，如事兄"。

有一次早高峰，裴承贤在路口等红绿灯。马路对面，一个回收废品的老婆婆正费力地推着车子，独自往前走。一个背着书包的小女孩正好从旁边经过，她看到老婆婆如此吃力，默默地在后面帮忙推车子。

裴承贤看得出神，直到身后催促的鸣笛声响起，他才反应过来绿灯只剩几秒了。

澳门有繁华的高楼、街市，永不熄灭的霓虹灯。这些是无数人追求的美好，但它们从未深刻地冲击过裴承贤的内心。可小女孩帮老婆婆推车的这一幕，给裴承贤的心灵带来了一个巨大的冲击。

或许他已经为心心念念追求的"灵魂"找到了答案——中华民族传统美德。

"我常把这个故事说给身边的志愿者听，课本里说，'勿以善小而不为'，我们就该这样做。"

结束台湾支援回澳门后，裴承贤很认真地思考并规划：澳门的海外志愿项目并不少，但是内地的志愿项目却没什么人带头做，我们是否可以先做好我们自己国家的事？

在进一步了解国情并结合自身的专业的情况下，他决心为祖国的山区搭建一个与外界的沟通桥梁，让他们知道远在澳门的同胞一直都在关注他们、支持他们；同时亦希望借此推动澳门青年更深入了解国家的现状与发展。

故此，2009年和2015年，裴承贤与伙伴们分别创办了"E甸园专业志愿服务计划""爱足迹育苗志愿者培训计划"。裴承贤既担任项目的筹委主席，又担任山区服务的培训导师。最终累计组织超过600名澳门青年到偏远地区进行志愿服务，曾到访云南、广西、贵州等地建设图书室、饭堂、水库、道路等，与澳门机构分享服务经验，相互携手为国家贡献力量。

青山一道，同担风雨

2011年，裴承贤和团队的20多位志愿者第一次来到广西山区做志愿服务，长期待在澳门的他们在那之前并没有去过任何偏远地区。当大巴车一路颠簸来到村里时，他们才发现一切和自己想象的完全不同，如果用一个词来形容这里与澳门的差别，他们大概都会想到"天渊之别"。

但这种巨大的落差并没有吓跑他们，反而更坚定了他们要为当地百

为了美丽乡村——记乡村振兴青年志愿者

姓做实事的信念。

大家下车放好自己的行李后便分头走访村里了。在这次志愿活动前，裴承贤和团队志愿者明确了一点：一定要每家每户去走访，了解村民们的情况与需求，以便在接下来的几天中可以更有效地帮助他们。

裴承贤走访了几家后发现大部分家庭都只有老人和小孩在家，基本看不到年轻人的身影。当他继续走进一所老旧残破的社区护老院时，居然在大厅看到一台约 55 寸的 LED 电视。这让裴承贤怀疑自己是不是来错了地方。毕竟当时大部分的城市家庭只有 28~40 寸的普通电视，但在这物资比较匮乏的贫困山区居然已经有这么崭新与先进的电视。

后来询问护老院工作人员得知：护老院在不久前获得了一位澳门爱心人士的物资捐赠——一台大电视，这是城里多少家庭都梦寐以求的电视啊！然而，裴承贤很快就发现大电视在这里只是一个摆设。

山区根本就没有拉入有线电视的天线，并且在大电视的背后也找不到电源插座。护老院负责人表示大电视根本就没开过几次，因为大家不想再花钱拉天线与浪费电源，所以这个很先进的大电视对于他们而言只是一个"花瓶"——华而不实。

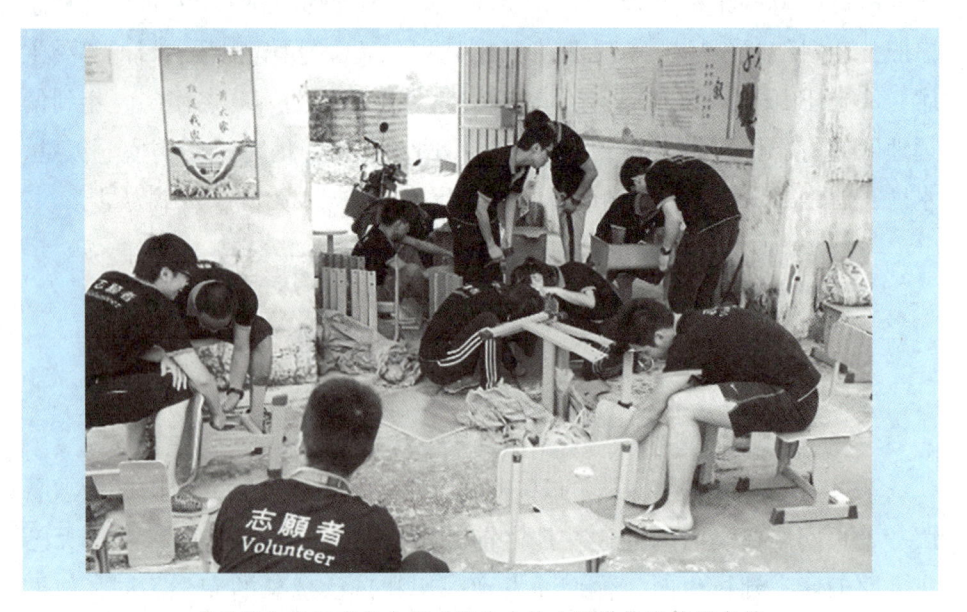

裴承贤和澳门青年志愿者们为内地山区学校安装新桌椅

一枝一叶总关情——澳门青年志愿者协会会长裴承贤的故事

这件事对裴承贤触动很大，让他清醒地意识到，做慈善或志愿服务最重要的不是你拥有多少能力与资源，而是有没有去实地了解、感受过服务对象的实际需求。

在这次志愿活动结束后，裴承贤和团队返回澳门，心中更有底了，他们知道下一步应该怎么做：他们认真地翻查数据，了解国内山区的状况，确定好下一次前往的服务地点。

确定每一个项目前，裴承贤总会带大家反复讨论，因为在他心里"做志愿不是个光图热闹的事情，而应当站在人民群众中，感受他们的需求，帮助他们改善目前存在的问题"。

多数人做事情总喜欢追究原因和意义，譬如：为什么要做志愿者？去那么远的地方是为了什么？

裴承贤面对这些问题总答不上来，但是他想起妈妈总对他说："人要多一点爱。"

妈妈的这句话就像一盏路灯，驱散了前方诡秘的涡旋和身后那些弯弯绕绕的追问。所以他更加坚定心中所想：把志愿服务带到山区，并让生活在山区及偏远农村的人得到社会的关注。因为只有这样他们才知道自己一直被关注着，国家的爱从未远离过他们，纵然我们生活在不同的地区，但我们一直心系彼此。

贵州省占里村，是一座隐藏在深山密林，有700年历史的侗寨古村。从山脚到山腰，有180户，共820人。

盛夏，天高云阔。野生的藤蔓爬满了木架，肆意地瞭望四方，周边树木层层叠叠，把大山拢了起来，占里村显得宁静又神秘。

2015年7月的一天，占里村迎来了一群陌生人。

带队的人约莫30岁模样，头发短短的，他穿着白色背心，背后是一个鼓鼓囊囊的登山包。在他身后还跟着20多个年轻人，他们都说着一口并不流利的普通话。

通过一番短暂的交流，村民们知道了这群人是澳门来的青年志愿者。

当地人对此并不觉得新鲜，甚至不愿接近，很快大家又各自回到自己的家中忙起各自的活。

村民阿伟看了看疑惑的志愿者，无奈地向裴承贤解释："我们见过太多'走走看看'的志愿者了。"

说完后，阿伟摇摇头走了，他或许以为这群志愿者很快就走了，但事实给了他与其他村民一个意外的惊喜。

夜幕降临。

"咚咚咚"，阿伟听到敲门声响起。他疑惑地走去开门，心想：这么晚了怎么还有人来？

开门后，阿伟看到10多个志愿者手里提着东西，冲他热情地笑。

他愣住了，反应过来后才赶忙邀请志愿者们进屋。

阿伟家里陈设简单，屋里唯一的光亮来自一盏吊着的小灯泡。

志愿者们与阿伟聊着天，从村子的自然风光到日常趣事。慢慢地，阿伟从一开始的拘谨变得轻松起来，话匣子也渐渐打开了。

"他们很友好，很久没有人这么认真听我说话了。"顿了一下后，阿伟还补充了一句："他们就像我的朋友一样。"

化解长期存在的偏见并非易事。尽管团队的成员都很努力，一户一户地把180户人家拜访完，但其中存在的误解与心酸也只有他们才清楚。作为志愿者的领队，裴承贤总能敏感地察觉到伙伴们"碰了一鼻子灰"，每当这个时候他总会为伙伴们加油打气："我们来这里是为了走近他们的，不能因为别人热情，我们就有干劲；别人冷淡，我们就泄气。"

通过两天的走访与交谈，裴承贤感觉到原先扎根在村民心里的偏见和冷淡正在慢慢减少。仿佛严冬留下的冰雪已经被到来的春日温暖慢慢消融，目光所及之处萌发着生机。

大家都清楚，村民们发生的这些改变离不开裴承贤一直以来强调的志愿理念——勿以善小而不为。

"我们团队的成员主要是大学生和非常有爱心的在职人员。我们并不是大富豪，也清楚我们能做的非常有限。但就像我和你们提到的小女孩帮助老婆婆的故事，我们不能因为能力有限，就选择什么都不做。"

在这次志愿服务中，除了入户走访，裴承贤还根据了解到的情况与伙伴们做了些力所能及的事：如为村里的"空巢老人"连接好电线与打造一个爱心饭堂。

因村子里的人与外界交流较少，所以村里并没有什么工作机会，留在家里的人基本只能种地。不少年轻人不甘心一辈子就在村里，于是在成年后大都选择了外出打工，一年里鲜少回家。他们也知道家里的电线并没接上，但接电线要专门去县城找电工，既耗时又花钱。老人也不停地说接电没用，加上他们一年回家也不过几天，好几户人家都选择咬咬牙挺过去。但一直用柴火做饭，晚上仅靠一盏煤油灯照明以及夏天的闷热、冬天的寒冷都给老人的生活带来了很多不便。

在出发前往山区前，裴承贤了解到当地有些人家并未通电，所以在招募志愿者时特别留意是否有电工专业的。幸运的是，团队中真的有一位专业电工人员，他后来也帮助村里几户没通电的家庭解决了通电的问题。

裴承贤所在的"澳青志协"中有很多在职人员都不是教师，他们并没有暑假，但他们仍义无反顾地请了一周的无薪假期，只求能为山区做一点事。

在贵州的短短一周中，澳门志愿者体验到了诸多"人生第一次"：第一次为搭建饭堂寻找合适的地方、第一次拿起锤子和油刷、第一次连续一周吃辣椒……

不少志愿者在饭堂吃饭的时候被辣到眼泪鼻涕一起流下来，但心却像吃了蜜糖一样甜。有些志愿者还自告奋勇要给村民做澳门口味的鱼香茄子，尽管那是他们第一次掌勺，烹饪出来的菜卖相很丑，味道也很一般，但村民们却一边大口大口地吃，一边竖起大拇指。

一周的时间让志愿者们尝遍了酸、甜、苦、辣、咸：心酸在村民最初的误解；心里的甜在村民们看到他们的守望；生活苦在遇上干旱、为了节约用水大家几天没洗澡；舌头辣在味觉上的新尝试；眼泪咸在分别的不舍……

志愿服务结束的前一晚，村民们自发组织了一场盛大的晚会。这一次，村民自己做了横幅，上面写着：热烈感谢澳门青年志愿者来到占里村。他们穿上侗族服装，用方言与具有民族特色的舞蹈来表示自己的感谢。

为了美丽乡村——记乡村振兴青年志愿者

裴承贤与内地山区老人在一起

尽管彼此语言不通,但大家都在尽情地歌唱,一个接一个。唱到最后,大伙都发现他们唯一能一起唱的是《字母歌》。于是志愿者们便和孩子们一起扯着嗓子唱"ABCDEFG",在唱的过程中大家不自觉地把手紧紧拉在一起转圈。

离别的日子如约而至,在大巴车来到村口,大家不得不离开的时候,一个老爷爷上前抱住裴承贤,对他说:"谢谢你们,澳门小兄弟,希望我们以后还能再看到你们来这,希望你们一直平安幸福!"

裴承贤内心再一次受到触动,不断地点头并嘱托老爷爷要保重身体。

乘大巴车返程的路上,裴承贤回想起这次发生的另一件事。

除了在占里村做志愿服务,他们还抽空去了隔壁村了解情况,为下一次的山区志愿服务做准备。当时隔壁村听说了这个消息,全村人马上敲锣打鼓地挤到村口迎接,有些村民还捧出了自家酿的酒,场面热闹极了。

团队有伙伴不明白:澳门离这里那么远,又和少数民族语言不通,他们为何还要对我们如此热情?

后来,一位老伯伯告诉裴承贤:澳门回归那晚,他们全村人都聚在一起看电视直播了。虽然村子很贫穷，全村只有一台黑白电视，甚至电视会时不时卡顿，但几百人老早吃完饭，搬来凳子一同观看回归直播，他们仿佛比观看女排夺冠更紧张。大家照顾老人和小孩，让他们坐在电视的前面，小伙子们则伸着脖子站后头。大家都十分紧张，生怕错过一分一秒。终于，五星红旗冉冉升起了。被葡萄牙管治了400多年的澳门终于回到祖国母亲的怀抱里了，大伙都忍不住哭了起来，就像是一个走丢了很久的孩子终于找到母亲……

裴承贤这才意识到——澳门一直被内地深情地注视着，大家无比牵挂这个离开母亲怀抱的"孩子"。"山川异域，风月同天"或许可以用来形容举国上下对澳门的牵挂与爱。

走访隔壁村的那天是农历十五，裴承贤不记得那天到底是晴天还是阴天，但伙伴们回忆起的时候都说那是个金色的、暖洋洋的日子。裴承贤那晚久久地回味着老伯伯的话，他永远不会忘记在抬头的瞬间看到宝石般的圆月悬在天上，银辉渐渐散开，柔和又静谧，他脑海中只浮现一句诗——

青山一道同云雨，明月何曾是两乡。

每当提起贵州的志愿服务，裴承贤就十分感慨："祖国为我们做了太多，我们当初选择贵州山区进行志愿服务是希望能为祖国的山区及少数民族做点贡献。但如今我们更需要让他们知道：不仅他们在深情地牵挂着澳门，澳门的这群年轻人也在心里牵挂着他们。"

在澳门做志愿服务十几年，裴承贤见过各种各样的人：沉默的、偏执的、眼睛瞪得像老虎的、生气起来拿起菜刀的……友人问他，你觉得人性本善还是本恶，他想了一会儿，回答："人性本善。"

我们每个人都应该有一种宽厚的底色，不应该随意说别人很"坏"或生活很"惨"，也许只要社会对他们多一点关注，他们的生活就会截然不同。

随着爱国爱澳教育的不断深入，越来越多像裴承贤一样的本澳青年投身志愿者行列，更坚定地走进祖国山区的民众之中切实为他们做事情、共担风雨。志愿者与山区的人们亦在此过程中更深入地了解到国家及澳门发展的现状与点滴，成为彼此心中的牵挂。

为了美丽乡村——记乡村振兴青年志愿者

秉承初心，循梦而行

在"澳青志协"有这么一个服务项目——"青春伴我行"（以服务独居长者为主），该项目的服务方式以每两周一次的志愿者上门探访，或长者与志愿者的小聚会为主。项目由创立至今近7年，受众人数也从最初的15人增至100人左右，其中有10位长者一直相处至今。

7年里总会遇上恶劣天气，加上新冠疫情的阴霾尚未完全散去，志愿服务的难度大大增加，但项目团队的伙伴坚信"办法总比困难多"。

2017年最强台风"天鸽"的到来给澳门带来了非常大的创伤，台风对周围环境的损坏导致了长者们所居住的大厦停水停电。因为"澳青志协"一直以来都有做长者服务，所以大厦的管理员在台风离境后马上打电话询问裴承贤协会能否前来支援，裴承贤不假思索就答应了。

在那4天里，裴承贤作为团队的带头人一直都在协调各方资源，积极筹集食物、水等主要物资配送给大厦中的长者们。据数据统计，当时协会共组织50余名志愿者从早上9点服务到深夜，而在那短短的几天中他们服务的长者人数多达2000人。

但在这数据的背后，藏着数不清的汗水。因为停电的缘故，大厦的电梯并不能使用。大厦中有些长者行动不便，无法处理自己的排泄物，如果长期生活在这样的环境中会很容易生病，因此志愿者们在一层层爬楼梯配送物资时还要帮助行动不便的长者清理排泄物。有些长者身体不适，需要长期服药维持病情的稳定。恰巧当时有一位老婆婆家中的药吃完了，身体很不舒服，团队志愿者入户了解到这个信息后，马上召集了几个人来到老婆婆家中收拾轮椅和病历。老婆婆住在大厦的30楼，志愿者们很快便分好工，然后毫不犹豫地拿起轮椅、背起老婆婆下楼，共同接力把老婆婆与她的轮椅从30楼送到1楼，再由其他志愿者带老婆婆去医院看病。

如此紧张的背后除了生命至上的理念追求，更多是因为志愿者们平时与长者们相处时的真心。他们心中十分重视这份情谊，所以在了解到长者有困难时，他们比谁都更着急。因此，在这些年中，无论遇到什么困难，他们都未曾停止过与长者们定时联系，因为他们清楚地知道：长者比谁都更需要一份牵挂与对生活的信念。

虽然与独居长者两周一次的联系不算很多，但长期坚持下来并非一件易事。在这7年的时间里，长者服务的部分志愿者的身份也在发生变化，但有的志愿者却从自己大学时期坚持到现在成为父母，并带着自己的孩子共同参与，感受生命的可贵。裴承贤自己也说这个项目未来将继续做下去，直至长者们百年归老，因为它在大家的心中早已不是一个可以用数据来理性评估的项目，它是一份关系，一份忘年情谊，亦是彼此人生中的重要部分。

"叮零零"，门铃声响起。李婆婆起身走向门边，打开木门就看到了志愿者手捧一盆绿植站在门口，笑嘻嘻地与她打招呼。

"李婆婆，最近身体怎么样呀？有没有想我们呀？"

"你们又来啦，快进来坐！"李婆婆眉眼弯弯，加快了开门的速度。

开门后，志愿者们捧着一盆亲手种植的虎尾兰来到李婆婆面前。

"这盆虎尾兰好漂亮啊！"李婆婆仔细端详着盆栽，发出感叹。那一刻，她开心得像个小孩。用志愿者们的话来说——第一次发现103岁的李婆婆是可以这么年轻、有活力的。或许这就是本次拜访的主题活动"生命孕育生命"的意义：让年轻人亲手种植虎尾兰，再把这份生命传递到长者手上，让他们带着对生命坚持的信念继续照顾虎尾兰，从而发现更多关于生命的希望与美好。

在无数次的长者服务中，志愿者们总能听到老人说——澳门是一个充满人情味的地方。这种"人情味"是一种传统，更是一种澳门精神。

"天鸽"救援的时候适逢暑假，所以大部分的救灾青年都是大、中学生。从那次事件中，裴承贤看到了澳门青年是一群有担当的爱国爱澳青年。他们身上的热心、坚持、团结、不计较，以及受支援市民的礼让、不怨恨、面对逆境的积极性就是长者口中的"澳门精神"，它亦成为裴承贤本人做志愿服务的初心。

在未来，裴承贤必将秉持这份澳门精神，以及"凝聚青年力量，以服务创建理想"的理念,继续坚守在志愿服务的路上。他希望通过宣传以及推动志愿服务在澳门的立法让更多青年志愿者找到身份与价值的认同,为祖国及澳门培育更多爱国爱澳的青年,最后与他们携手一同为"两个一百年"以及中华民族的伟大复兴奋斗。

回顾来时的路,承裴贤感慨万分:

"无数的点滴和回忆成就了今天的我,更成就了我们澳门的青年志愿者。不知不觉,山村的经历已成为我人生的一个标记,作为一名教育工作者,我深深感受到教育对一个地方乃至一个国家的重要性,就像雅斯贝尔斯所说:'教育就是一棵树摇动另一棵树,一朵云推动另一朵云,一个灵魂唤醒另一个灵魂。'教育不只是传授知识,它更应传承一份价值,一份精神,甚至一个民族的复兴与梦想。作为一位教育者与青年志愿者,我更明白志愿服务的重要性。因为正是志愿服务成了我与无数青年们交流学习的共同平台,它成为我抵达青年人内心的一座重要桥梁。因为志愿服务,我们聚在一起;因为志愿服务,我们同心携手;因为志愿服务,我们成就自己。"

新冠疫情也许让我们的生活变得无所适从,但我们仍能看到在疫情之下,有无数的志愿者勇闯一线,为社会做出贡献。

或许每个志愿者能做的事都略显平凡,因为你我都可以做到。但若能坚守平凡的事,重复一年、十年或以上,那么,再平凡的事也能创造不平凡的人。这些不平凡的人将会悄悄推动着社会的发展,以沧海一粟汇成滚滚洪流,以滴水之晶反射太阳光芒……

些小吾曹州县吏,一枝一叶总关情。

甘走千日道，杰出凤山来
——广西山区志愿者吴道杰[①]的故事

"我要报名西部计划志愿者！"面对这个选择，家人和朋友们没有感到一丝意外。因为这就是吴道杰。在大学期间他一有时间就参加校内外的各种志愿活动，似乎有着耗不完的精力、用不完的创意，助力建设美丽乡村，忙得不亦乐乎。在这个过程中，"到西部去、到基层去、到祖国和人民最需要的地方去"的种子在他心里悄然埋下、静待花开。

"我们能为当地带来什么、做些什么、留下什么？"这是萦绕在许多西部计划志愿者心头的问题。吴道杰用1000多个奋战在广西凤山这个壮乡山区的日夜给出了答案。

青春接力跑，要做凤山人

凤山是广西壮族自治区河池市的一个县，是广西第一批西部计划项目县，以"环山似凤，环凤皆山"而名。从南宁出发经过6个多小时的颠簸，镌刻着"世界地质公园"的石柱映入眼帘，吴道杰和队友们才抵达美丽但贫瘠的凤山。

自2003年起，每年都会有一批怀揣着爱心与梦想的青年来到这座人

[①] 吴道杰，中华人民共和国广州海事局职工，长期坚持参与公益志愿活动，曾获第十一届"中国青年志愿者优秀个人奖"、2022年"全国百名最美生态环境志愿者"等荣誉。

称"老、少、边、穷、偏"的山区县城服务，用汗水浇灌"梦想之花"。一般而言，凤山县项目办会根据专业、特长、意愿等情况把志愿者安排到与之相匹配的工作岗位，协助部门领导、同事完成各项工作，做一颗出色的螺丝钉。

志愿者们却不满足于此，在干好岗位工作的同时，他们也会充分利用周末、节假日等时间开展关爱孤寡老人、留守儿童等丰富多彩的公益活动。

所谓扶贫先扶智，因为深刻认识到让山区孩子好好读书是阻断贫困代际传递的重要途径，所以爱心助学是历届志愿者一直在坚持做的事情。通常是主动联系学校老师确定家庭条件相对困难、求学比较上进的学生，然后下乡走访采集一手信息，依托"心守家园"等爱心助学机构寻找爱心人士予以资助，为孩子们搭建起通往人生更多可能的桥梁。

在前辈们的带领下，新人们很快也踏上了"上山下乡"之路。广西十万大山名扬四海，当地人称：看到屋，走到哭。一路上，车子上不去的山头，只能靠两条腿走。"哥哥姐姐，你们看，那就是我家！"带路的小女孩兴奋地叫道。不知道走过了多少个山头，眼前不远处突然冒出了几座房子，似乎触手可及。

吴道杰"上山下乡"的路上

"总算是快到了!"旁边的小伙伴轻声松了一口气。只是没想到,这蜿蜒曲折的山路让众人着实体验了一把什么叫可望而不可即,当大家疲惫的双脚踏进小女孩家的大门时已经是一个多小时之后的事了。

每当走访完最后一个学生,返程时往往天色已黑,虽然奔波了一整天,但没有一个人喊苦叫累,反而都很兴奋,因为大家都明白每一次奔走的背后意味着这些孩子可能会迎来更多人生出彩的机会。

辗转回到宿舍,吴道杰往往并不是马上去"葛优躺",而是洗把脸趁着一切还热乎,约上同组的小伙伴,一起填写信息表、撰写走访手记、整理实地照片……用最快的速度把一整套的走访材料按要求整理好,希望能为这些孩子们顺利获得资助按下快进键。

于是平时上班、周末下乡成了吴道杰和队友们在凤山县生活的常态。除了下乡助学走访,有时候志愿者们会买些水果、带上肉菜到敬老院给老人加餐,陪他们聊聊天、拉家常,一起做做手指操,丰富老人生活;或者带上垃圾钳、背篓去到景区、水库、烈士陵园等地开展户外清洁行动,一群"背篓客"所到之处总会引起一阵不小的动静……当县里组织大型活动需要人手协助时,认真负责、踏实肯干的志愿者便成为不二选择,而他们的表现也从未让人失望。

为什么要做那么多呢,完成本职工作不就够了吗?关于这个问题的答案,在县里组织的志愿者迎新会上,吴道杰作为志愿者代表发言时就给出了。"来了,就是凤山人!"这句话,既是宣言,更是承诺。他深知建设凤山要一批一批的志愿者前赴后继地接续努力。他说:"志愿者们要以'凤献'为接力棒,进行传递温暖与希望的青春接力跑,不断探寻青春的价值。"

跑了几个月,他那双还算新的皮鞋便磨破底了,直到硌到脚了才发现,这双鞋的"破洞"是"他一直在路上"的第一个牺牲品和有力见证。

为了美丽乡村——记乡村振兴青年志愿者

事从细中做，温暖抵人心

要么在下乡路上，要么在活动现场，吴道杰一度非常享受"8小时以外"这样充实忙碌且富有意义的生活节奏，只是偶尔夜深人静的时候，他也会思考：难道岗位工作之外，志愿者就只能当"爱心搬运工""补位及时雨"吗？还能不能组织更多有意义又有意思的事儿呢？"创新始于观察，心里装着什么就会看到什么。"在之后的活动过程中，他不再只是关注受助对象的笑容或者满足于助人为乐的感动，而是开始用心仔细观察周围的一切。

慢慢地，他开始发现一些之前不曾察觉的细节，比如在助学走访时有些表格内容需要学生帮忙填写，他留意到不少孩子写的字不是很工整；到敬老院探望老人时，他观察到有位老人似乎很爱惜一个小收音机，专门把它放在一个小保险盒里；到农户家走访时，他发现有个小孩可能是因为身体缺陷，坐在家人给他焊制的铁圈轮椅上……此外，他还注意到了凤山县那句流传甚广的千古绝联"鳳山山出鳳，鳳非凡鳥"，凤山应该就像它的名字一样非凡，凤山的未来一定大有可为！带着关于这些细节的思考，他开始关注孤寡老人、留守儿童以外的社会群体……渐渐地，"耆"乐无穷、"帖"心行动、"非凡鸟"大学生志愿骨干培训班等一个个"小而美"的公益项目陆续落地。同时，面向环卫工人、返乡大学生、乡村教师等不同群体的特色活动精彩纷呈。

通过以富有创意的项目为引领，无疑能把关爱行动延伸得更加深入，让温暖直抵人心。"你们很用心啊，还专门搜集整理了这么多老电影、山歌等内容供老人家消遣玩乐，你看他们笑得多开心！"当志愿者们耐心地手把手教老人使用收音机，一旁的村干们看到里面丰富的内容时总是忍不住称赞一番。

那年端午节，吴道杰和队友们从一大早忙活到中午一直在包粽子，包好后兴冲冲给敬老院的老伙计们送去，进去时发现整个院子静悄悄

甘走千日道，杰出凤山来——广西山区志愿者吴道杰的故事

的，老人们可能都休息了，于是蹑手蹑脚走到厨房打算把粽子放好就走，路过一个窗口时发现一位老人躺在靠椅上睡着了，嘴角还挂着幸福的浅笑，桌子上的收音机正放着山歌。有时候下乡会经过一些五保村，大家便都竖起耳朵留心一听，当听到里面传来悠扬动听的山歌声时，队友间会相视一笑，看来这个能常伴左右的精神伴侣确实是老人们的心头好。

2015年临近腊八节，想到环卫工人平时工作很辛苦，吴道杰计划组织一场关爱环卫工人活动，在寒冷的清早给起早摸黑的他们递上一碗温暖的腊八粥。

"这是我工作这么久以来第二次有社会组织关心我们……"听到环卫阿姨激动的话语，看着她们脸上洋溢着的微笑，凌晨5点便和队友到粥店把一大桶粥从五楼扛下来的疲惫顿时消散。

西部计划期间，吴道杰手把手教老人使用收音机

"只是一碗简简单单的腊八粥，却得到了环卫工人们这般厚重的感激。"这让他意外之余更多的是感动。于是，此后的每年小年夜，他都积极寻求爱心商家的支持，把一百多位环卫工人聚在一起，请他们吃一顿年夜饭，送上简单的问候与祝福，"希望借此为山区小城的冬季增添几分暖意"。

寒暑假组织返乡大学生开展义诊活动时，开设环卫工人专场，由医学院校的"小大夫"们给这群辛勤操劳、守护洁净的城市美容师进行针灸、推拿，好好"享受"一回。

"祝贺！""祝贺！"……当吴道杰把徐老师成功获得马云乡村教师奖的消息分享到志愿者群时，群里一下子炸开了锅，刷起了整齐划一的队形，那股兴奋劲就仿佛拿奖的是自己。

这个让人振奋的喜讯依旧源自他的观察。提到山区，大多数人的关注点是留守儿童，事实上，山区的三尺讲台，亦从来不乏感人的故事。因此，当得知有马云乡村教师奖评选的消息时，他脑海里马上逐一闪过先前下乡走访时接触过的老师身影，最终确定了一直在村屯教学点教书的徐老师，于是第一时间联系对方征求参与意愿，随后便一起按照申报要求着手搜集整理材料，完成系统申报，而之后的大名单初筛、初评、终评……每一个环节都牵动着大家的心，每一个人都铆足了劲予以最大的支持，最终站在领奖台上捧起水晶奖杯、获得 10 万元的奖金和 3 年的专业成长支持是对这位可亲可敬的乡村教师筑梦三尺讲台最有力的褒奖和肯定。

"每一个项目、每一场活动都是基于发现和需求，虽然有时切入点很小，但贵在真切实用，因此能够给到一些有需要的人温暖和力量。"每每谈及项目策划的创意灵感时，吴道杰的话语朴实而真诚。几年间，他用一个个特色项目、一场场暖心活动，不断创造着更多的世间美好，也在不断诠释着心中的志愿情怀。

破局有妙法，团结力量大

"用一年不长的时间，做一件终生难忘的事"，志愿者大多怀揣着纯粹的初心而来，不图名利，只为奉献，自然是一支招之即来、来之能战、富有战斗力的生力军。但是，财力、人力却始终是他们想为群众多办些实事时无可避免的"卡脖子"难题。再有创意的项目，也需要资金支持才能落地；没有本地人的参与，何谈共建美好凤山？

在体会过拉赞助的艰难之后，吴道杰开始意识到想要解决资金瓶颈不能只盯着"土豪"，还要善于借力"群众"。刚好那几年"众筹"这个概念很火。"假如每个人都能拿出一块钱来做好事，那咱分分钟就能得到一个亿的支持啊！"一旁的队友打趣道。于是他一鼓作气在当时比较出名的众筹平台发布了一个给山区学生筹集1.5万元用于购买魔法字帖的众筹项目，原本以为众人拾柴火焰高，很快就能达成目标，不曾想项目上线整整一周，才筹到了3000多元，残酷的现实一下子又浇灭了刚刚燃起的希望火苗。

破局之路在何方？这个问题时时困扰着这群刚走出象牙塔，一心想要"建功立业"的年轻人。常言道：善良的人，运气不会差。没多久，转机便悄然而至。这得益于吴道杰大学时的专业课老师让他每天写写日记，好好记录在山区的志愿生活的建议。老师的话一定要听，不过被他打了个折扣，只是坚持每天发条空间动态，记录当天的所见所闻、所遇所思，众筹不利的苦恼自然也是内容之一。也正是这条动态，吸引了一位在公益基金会工作的好友的关注，他主动找到吴道杰，一针见血地指出了项目之所以众筹不利的原因。一语点醒梦中人，听了这位好友的建议，吴道杰马上尝试在另外一个众筹平台申请上线了项目：为307位孤寡老人筹收音机。得益于高人指点，新项目账目清晰、目标精准、定位明确、规划合理，得到了许多爱心人士的慷慨支持，过程出奇的顺利，前三天善款每天都以万元为单位往上蹿，全程不到六天便达成了筹款目标，一扫先前筹款失利的灰霾，也给团队注入了一针强心剂：众筹干志愿，大有可为！

初次尝到甜头的吴道杰似乎一下子打开了新世界的大门，一方面花心思去认真研究筹款技巧，学习怎样拍照、怎样撰写文案、哪些细节能够打动人等，推出更能打动人心的筹款项目；另一方面广泛搜罗整理各个众筹平台，凡是符合上线要求的都争取试一试，一旦成功了便又能干成一件事、惠及一群人。因此，那段时间，除了直接筹款之外，他还跟队友们筹集过"大米""点赞"等各具特色的虚拟产品。依靠四面出击、广撒网的策略，在广大爱心人士的助力下，自主采购物资、提供精准服

为了美丽乡村——记乡村振兴青年志愿者

务以满足服务对象实际需求不再是一纸构想，实现公益自主发展向前踏出了坚实的一步。

在"第一桶金"的强力加持下，各个公益项目得以顺利实施，而内容丰富、成效明显的实践成果则成了参加共青团中央等上级部门组织的各类公益创投比赛的有力支撑，提高了成功争取项目扶持资金的可能性，继而进一步扩大项目覆盖面，惠及更多服务对象，形成正向循环。几年间，吴道杰策划推动的项目获得共青团广西区委"一县一品"品牌项目重点立项、生态环境部宣教中心"地下水环境保护方案"征集杰出方案奖等多项肯定，特别是"帖"心行动曾挺进第三届中国青年志愿服务项目大赛决赛，到宁波参加志交会，虽然最终只是摘得银奖，但也向社会各界展示了凤山县青年志愿者的责任担当和公益智慧。

所谓术业有专攻，要想把项目做精往往离不开专业人士的支持，志愿者间虽然所学专业构成丰富，但毕竟不能包打天下，还得让专业的人做专业的事。"帖"心行动旨在引导孩子们"写好字、做好人"，用"一手好字"从容地应对考试。项目在赠送字帖的同时，邀请了书法讲师志愿者传授练字技巧、分享写意人生，既授人以鱼又授人以渔。字帖到位了，那书法志愿者到哪里找呢？

万物皆可"盘"的吴道杰自然没有放过那张贴在路边公告栏的"崇智书院书法课招生简章"，按图索骥，他联系到该书院的创始人韦先生——一位返乡创业的年轻书法老师，并成功邀请到对方加入书法志愿讲师队伍。

"同学们，写得一手好字实在太重要了，你们手中的这支笔现在就是我的衣食父母啊……"

"哈哈哈……"课堂上，这位矢志投身书法创业的年轻哥哥的现身说法无疑对孩子们更具教育启发、榜样引领意义。

而要想"把蛋糕做大"，普通热心人士的力量同样不可忽视，其中返乡青年、大中学生无疑是最具可塑性的潜力股。于是吴道杰精心策划了"非凡鸟"大学生志愿骨干培训班、"非凡鸟"青少年领袖培养计划等一系列培训交流活动，组建大学生联合会，通过主题培训、公益实践等方式，培养志愿骨干，汇聚更多力量，挖掘出更多造福乡梓的

"非凡鸟"。

春联义卖、助学支教、爱心义诊、下乡走访……这群"非凡鸟"们主导的一系列活动开展得有声有色。让他印象深刻的是2016年春节期间，第一个上线某众筹平台的项目距离达成既定目标的时间还有不到24小时，眼看就要截止了，而需要筹集的"大米"缺口还很大，当时大家都在家里陪亲友开心过年，突然遇到这档子"揪心事"，只能进行线上紧急总动员，关键时刻刚组织起来的返乡大学生成了绝对主力，研究攻略、呼朋唤友、密切协作，"大米"攻坚战打得艰难而漂亮。"总算成功了！"群里一片欢腾，此时已是深夜两点多，距离截止时间不到4小时。在这万家团圆的美好时节，一群人以爱为名、默契十足，从白天战斗到深夜，干成了一件看似不可能的事情。

类似的感动还有很多。"师兄，我老家邻居弟弟妹妹的爸爸突然出车祸了，很严重，我想为他们姐弟俩做点事……"当学联骨干小周联系到他时，吴道杰既焦急又意外：家里的顶梁柱倒了，两个才读小学的小孩该怎么办？而"非凡鸟"开始关注象牙塔之外家乡的事儿，并愿意付诸行动又让他略感欣慰。最终，在数百位爱心人士的关心下，不到8小时，两姐弟一年的生活费便有了基本着落，在黑暗中射入了一道亮光。"志愿服务的魅力就在这里，既能锦上添花，更能雪中送炭。"之后，他跟队友一有机会便去看望两姐弟，了解他们爸爸的恢复情况，并提供一些力所能及的帮助。

谈到"非凡鸟"不得不提到"非凡鸟"勋章。

往常，志愿者服务期满两年有机会获得一枚纪念勋章，但有些队友服务期满一年便将奔赴新的前程。得知这个情况，身为队长的吴道杰马上急了，每个人的人生规划不尽相同，除了一纸证明、满腔回忆，还能给他们点什么？几经思考，在县项目办的大力支持下，他主导推出了"非凡鸟"勋章，写方案、拉赞助、找厂家，终于赶在欢送会上给一同并肩作战的志友们送上了一枚富有纪念意义的"军功章"，并镌刻上"倾情志愿·自然非凡"这八个字以表达对他们的敬意与祝福。

也正因为团队间不断沉淀着的这种情谊传承，很多人虽然离开了凤山县，也会一直关注着团队的动态，关键时刻还会"露一手""拉一把"。

2016年春节前夕，结合之前走访了解的事实孤儿信息，吴道杰策划了年前给事实孤儿送红包活动，正当他为红包资金缺口迟迟无法解决而发愁时，"道杰，我刚留意到服务队的动态，你组织的这个活动资金还缺多少？我来想办法补齐！"——一个未曾谋面、只闻其名的师姐主动联系到他，及时出手解决了这一大难题，使活动得以顺利开展。当时看到孩子们的笑脸，想起热情施以援手的师姐，他顿时明白了那句"志合者，不以山海为远"的真谛，当真是虽素未谋面，却恰似故人。

"我们能为当地带来什么、做些什么、留下什么？"是萦绕在许多志愿者心头的永恒之问。或许彼此的破局之策不尽相同，但"把资源整得多多的""把朋友搞得多多的"却是不变的思路。公益，既可以一个人做很多，更需要每个人都做一点。正如习近平总书记说的："每个人出一份力就能汇聚成排山倒海的磅礴力量。"

奋战一千日，情牵凤山归

既要埋头苦干，也要抬头看路。为了避免当局者迷，吴道杰会积极争取一些资助交通费、住宿费等费用的出山"见世面"机会，走出大山看凤山。几年间，他先后去了北京、上海、香港等地学习交流，每一次取经都满载而归。

"在参加 MaD 创不同年会期间，我有机会深入了解了很多香港青年的社创项目，感触非常深。"吴道杰说，在现场，他还听了很多重磅嘉宾、青年创客的经验分享，既新颖又务实，"给了我很大的启发"。

当然，走出去的同时，也不忘引进来，每一次出山他都会不遗余力地向旁人介绍西部计划、宣传凤山的"景寿天成"，希望能链接到一些资源，益起来，更精彩。

习近平总书记强调："刀要在石上磨、人要在事上练，不经风雨、不见世面是难以成大器的。"基层一线正是青年磨炼意志、增长才干的最佳"磨刀石"。撰写材料、会务接待、组织活动……服务单位安排的每一项

甘走千日道，杰出凤山来——广西山区志愿者吴道杰的故事

工作，不管大小，吴道杰都认真以待，用心踏踏实实把事情做好，"你办事，我放心"是领导、同事常挂嘴边的一句话，也是对他蜕变成长最大的肯定。

　　对于公益事业，他更是拿出了拼命三郎的架势，恨不得一分钟掰成两分钟用。"在他脸上从来看不到疲惫，看到的永远是笑容和笃定，昨天才跟单位领导下乡忙精准扶贫的事儿，今天又跑去搞活动了。""记得有一次，为了多装几台轮椅，位置不够了，他硬是把自己塞进了面包车里，在只能侧身蜷缩的狭小空间躺了两个多小时，下车后却依旧生龙活虎。"在队友眼中，他有想法、有能力、干劲十足，总是能把事情安排得妥妥当当。

　　在凤山县这片沃土汲取养分、快速成长的同时，志愿者也在用实际行动为这座山城的建设发展添砖加瓦，见证着它的蝶变跃升。"现在可比以前幸福多了，我刚来那时候几乎各个乡镇都在修路，一到下雨天，到处都是'水泥路'，车轮陷在黄泥巴里动不了，时不时还要下车推，哪像现在这么'舒坦'，全都是真正的水泥路，下乡也快多了。"有时候，陪同外来嘉宾下乡路上，吴道杰总会忍不住感慨。所谓要致富、先修路。几年间，凤山县也进入了迅速发展的快车道，精准扶贫稳步推进，特色产业初具规模，农村电商蓬勃发展，连下乡走访时遇见的年轻面孔也比之前多多了。这座偏远县城的不断变化，让人欣喜，更让人期待。

　　美好的时光似乎总是过得特别快。转眼间，三年服务期满，这是志愿者服务的最长年限。随着时间越来越近，隔三岔五就会有人劝说吴道杰别走了、留下来。事实上，对于这座生活了1000多个日夜，见过它凌晨一点、两点、三点、四点、五点的街头是什么样子的县城，他又何尝舍得离开！只是做公益，干事业，讲情怀、讲行动，更讲资源！服务无止境，奉献天地宽。想要实现更为宏大的目标，离开又是清醒明智的选择。这样的矛盾心理，使他在离开凤山的那一天，坐上最早班次的大巴，独自悄悄上路，没有惊动任何人，少了依依惜别，多了一份牵挂。而没能当面道别的山里的朋友们始终坚信，他肯定会再度归来，继续创造无限可能。

为了美丽乡村——记乡村振兴青年志愿者

吴道杰参与人口普查志愿活动

"一片森林里分出两条路,而我却选择了人迹更少的一条,从此决定了我一生的道路。"这句出自美国诗人罗伯特·弗罗斯特作品《未选择的路》的话,是吴道杰参加西部计划事迹宣讲会时经常引用的一句话。"小时学雷锋,长大做志愿",参加西部计划对于他而言,绝非心血来潮,而是多年来一直坚持参与公益志愿的必然选择。回望那三年"凤献时光",充实而美好的1000多个日夜,既带有过往谁的青春不折腾的影子,更多了一份将个人理想追求融入党和国家事业的行动自觉和青春担当。往后,他将继续以永不懈怠的奋斗姿态,与时代同行,逐华夏之阳,在服务人民、奉献社会中不断成就人生的精彩与荣光。

支教山区，育人遇己
——粤东山区志愿者刘璐[①]的故事

刘璐，2019年6月毕业于华南师范大学，怀揣着家国情怀和青年的时代责任感，她义无反顾地加入了广东大学生志愿服务西部（山区）计划——"美丽中国"支教项目。在广东省汕头市潮南区雷岭镇济美小学，刘璐开始了她的支教生活。从2019年8月到2021年7月，她担任六年级的语文教师兼班主任，同时也是全校六个年级的体育教师。刘璐是祖国大地千千万万支教教师中的一员，这十三年间"美丽中国"支教项目中有2763位支教教师同刘璐一样扎根农村，为乡村教育的振兴奉献自己的一份力量。她说过这样一句话："大家都是平凡的人，在平凡的岗位上，做着自己想做和该做的事情。"她的人生因支教而精彩，生命因支教而灿烂。

一时兴起，却一往而深

刘璐很高兴把这两年在乡村支教的故事分享给大家。那是2019年的4月，她进图书馆时，偶然看到"美丽中国"支教项目海报，上面写着"让所有中国孩子，无论出身，都能获得同等的优质教育"，这句话深深触动了她。她从小就跑得快，一路"跑"进了大学，但上了大学才发现，许多在城市里长大的同学会玩各种球类，而她却只会跑步。应该说，通

[①] 刘璐，广东省汕头市六都中学教师，志愿服务时数3018小时，全力以赴投入乡村支教志愿服务中，曾获首届"全国乡村振兴青年先锋"荣誉称号。

为了美丽乡村——记乡村振兴青年志愿者

过体育她感受到了城乡的差异。她知道人无法选择自己的出身，但他们可以努力实现教育公平，"支教梦"这颗种子就这样在她心里默默地生根了，当她看到"美丽中国"的愿景时，那颗种子开始发芽。她满怀期望想去支教，但父母并不支持，不理解刘璐寒窗苦读后回到农村的选择……梦想使然，刘璐深知踏出这一步意味着什么。确实，曾经涉世未深的刘璐对农村孩子有滤镜：他们能吃苦，跑得快，瞪着大眼睛求知若渴地想读书，想走出大山，想看外面的世界。然而这些美好都是她以为而已。

理想照进现实，情怀洒向山区

以前刘璐觉得乡村孩子是"散养"长大的，跑得快如风，跑步应该是他们最喜欢且擅长的运动。可是刘璐来到乡村后才发现，乡村小学的体育课形同虚设，只是让孩子们自由活动，没有专职的体育教师，孩子们从来没有接受过专业的体育训练，连基本的热身运动都没有接触过。当刘璐满怀热情打算一举改变乡村小学体育课堂现状的时候，却被现实

刘璐在给学生上体育课

支教山区，育人遇己——粤东山区志愿者刘璐的故事

泼了冷水。第一节体育课集合时，她发现一大半学生穿着拖鞋或光着脚就来上体育课了。刘璐担心他们受伤，像老母亲一样反复叮嘱要穿运动鞋，他们却不以为然。对于孩子们不穿鞋的"坏习惯"，她有妙招。体育课立下规矩：穿拖鞋或不穿鞋，就只能站在旁边与老师一起当裁判。这下，孩子们可不愿意了，齐刷刷地换上了运动鞋。然而，上课时还是会注意到部分学生穿的凉鞋带子粘不紧，鞋子太挤、太破，更别说拥有一双运动鞋了。她也试图让学生买球鞋，但沟通后才得知济美村的现状很难满足这个需求：这里的村民大多家庭破碎、赚钱少且生养众多，学生多为留守儿童……

失望和苦恼过后，刘璐决定改变。先联系了母校华南师范大学，在全校发起"阳光体育"项目，为孩子们筹来了篮球、跳绳、呼啦圈等体育用品。同时和汕头的项目主管产老师一起积极链接资源，与2018—2020届"美丽中国"校友——平安产险深圳分公司的工作人员积极沟通，为济美小学每个学生募集到夏冬季两套校服和一双球鞋。那天校长激动地说："实现了济美小学建校55周年学生第一次有校服穿的梦想。"大家都觉得那天济美村像过年一样，全校学生都有新衣服穿，实际上济美小学也是整个雷岭镇第一所拥有校服的学校。

孩子们收到募集来的新校服

体育就是为了让学生"动起来"，激发学生的体育兴趣，锻炼学生的身体素质。刘璐设计了体育游戏，素质拓展贯穿课堂，让学生真正爱上运动。两年来，每次体育课前都会听到一、二年级学生兴奋地喊着"体

育、体育、体育……"每当因下雨或者高温红色预警没法在户外上体育课时，学生们会嘟嘴表示失落。

济美小学建校50多年来从未举办过运动会，从前是没有体育教育设施，更没有体育锻炼意识，所以刘璐决定打破这一困境。2020年12月她在济美小学举办了第一届运动会，知道有运动会的那一个月，全校的学生都轰动了！运动成为学生每天必定要进行的事项，她每天都会在早读前、课间、中午下午放学后看见操场上学生跑步、锻炼的身影。

"刘老师我今天跑45圈了！"

"刘老师我和他一起跑的。"

"刘老师我比他跑得多！"

"刘老师我今天要跑100圈！"

这是孩子们每天都要和刘璐分享的点滴进步。

最令刘璐印象深刻的是一个叫小峰的四年级的学生，他的父母常年在外打工，父亲欠了债，很久没回过家，母亲也只有过节才回家，他在班里时常被孤立、被同学们起外号。但在刘璐的体育课堂上，小峰渐渐找到了自信，爱上了运动。他的特长是仰卧起坐，一开始一分钟可以做40个仰卧起坐，在刘璐不断鼓励下，他每天都练习，在运动会时一分钟做了60个，获得了第一名，班里同学都对他刮目相看。

运动会上，学生们的运动积极性大大提高，在运动中感受竞技体育的魅力。更值得一提的是孩子们因为运动走出校园，在区级运动会中享受与其他学校的学生竞技的乐趣。刘璐也觉得运动会开得值得、有意义。因此，广东地区十几个支教学校也开始举办运动会。学生说："原来体育还有这么多花样！好玩！"这两年在大家的共同努力下，全校学生体能测试达标率高达98%。

在深入实施健康中国战略和全民健身国家战略，加快体育强国建设的时代背景下，"美丽中国"在粤闽地区把"阳光体育"升级为核心项目。前年暑假，刘璐还为韶关、河源、潮州、梅州的40多名支教教师提供体育教学支持，引导超过20所乡村小学近5000名学生开展体育锻炼。去年暑假她也为云南、广东、福建、甘肃、广西的"美丽中国"支教教师们提供体育教学方面的培训和支持，就是希望尽自己的所能让更多学生健康成长。

支教山区，育人遇己——粤东山区志愿者刘璐的故事

刘璐带领学生们进行体育锻炼

为了美丽乡村——记乡村振兴青年志愿者

坚守初心，逐梦前行

感受不一样的体育，通过健美操的学习孩子们自信了。前几天刘璐收到一个学生发给她的信息："刘老师我想对你说声谢谢！如果没有你，我也不会爱上跳舞。"事情要从前年说起，前年镇上要组织阅读节活动，刘璐便萌生了教学生跳舞去表演的念头，当时吸引了很多孩子前来报名学习。由于学校教室场地有限，一开始，刘璐只想招收一批基础较好的学生。选拔结束后，她去家访，一进门却听见哭声。"没有选进舞蹈队，孩子伤心着呢！"小敏妈妈悄悄告诉她。刘璐决定再进行一次选拔，用她以为的公平让学生心服口服面对竞争和成败，因此要求每人自学一段舞蹈公演。公演那天被淘汰的女孩们也都来了，其中就有小敏——她明明和另外四个同班同学学了同一支舞，但她却坚持独舞。看着她认真跳舞的模样，刘璐突然懂了："她希望我能看见她。"那一刻，刘璐的内心既感动又羞愧。她想："来支教的初心不就是为给乡村孩子带来同等优质教育吗？而现在为了挑选'苗子'而淘汰另一批孩子，不是违背了自己的初心么？"想到这，刘璐当下就决定，把所有孩子都留下来，场地有限就分两个班教学，基础好些的进入"梦想班"，其他同学进入"超越班"，希望每一个孩子都能获得跳舞的机会，可以超越自我，实现梦想。为了让女孩们自信地跳舞，刘璐申请微基金买了一面大镜子，以便让孩子们看到自己最美的笑容，并告诉她们："跳出来的每一个动作都要自信，看着镜子的时候，要告诉自己'我很美'。"

舞蹈是另外一种意义上的教育，在舞蹈中发现自身的美并建立自信。刘璐创建舞蹈兴趣班的初衷只是想丰富学生的课余生活，随着越来越多学生的加入，舞蹈队伍日益壮大，她成立了专门的舞蹈队，名叫"济美舞蹈队"。越来越多孩子加入进来，孩子们对跳舞的兴趣也越来越浓，舞蹈队成立对孩子们成长的意义也越来越重要。原本腼腆、害羞的孩子，变成了勇敢自信的舞蹈"精灵"。

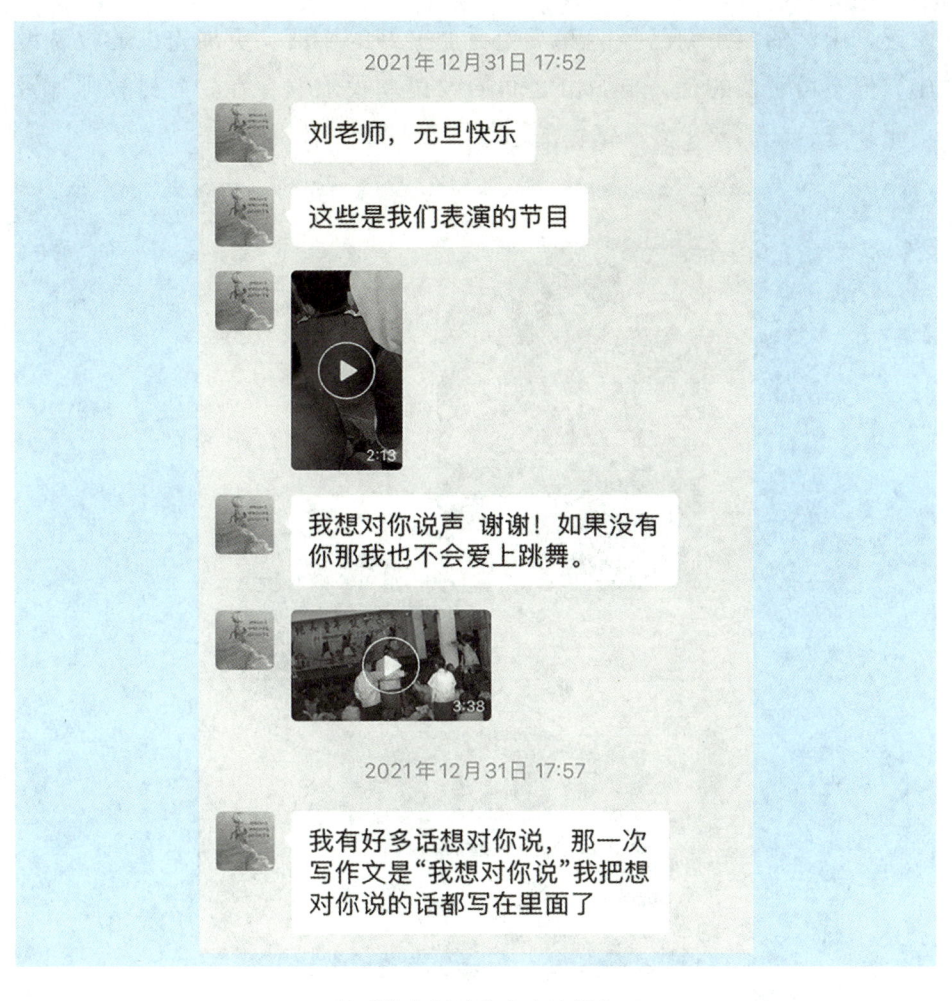

支教山区，育人遇己——粤东山区志愿者刘璐的故事

舞蹈队向刘璐发来表演视频

  从大山里走出去，走向更宽广的舞台，济美舞蹈队第一次走出大山，去到更远的地方。前不久，舞蹈队受邀去深圳表演，女孩们手持花球，踩着整齐的步伐起舞，脸上充满自信，毫无山区孩子的羞涩腼腆，也获得了嘉宾们阵阵掌声。记得刘璐离开前孩子们还说："老师，我们不想你走……""老师，我怕你走了，我不能继续学习舞蹈了。"现在刘璐已经离开半年了，还有新的支教教师继续教她们跳舞，刘璐很开心还能在元旦收到孩子们表演的视频，她希望这群孩子们"青出于蓝而胜于蓝"。看完孩子们发的视频后刘璐已热泪盈眶。愿孩子们保持这份热爱。

  我们感动于舞蹈给孩子们带来的成长与教育，同时也应看到背后的匮乏。山区的孩子们已经能够享受更加美好的生活、更加先进的教育设施，但不可否认的是，与城市之间的教育差距依然存在。乡村教师师资力量缺乏，还需要更多有情怀的志愿者投身于支教当中。

刘璐带领学生排舞

用爱传递爱、用生命影响生命

大家都说我们的体育老师会教诗歌——以诗歌为桥梁走近孩子内心。

教六年级语文，刘璐压力很大，每天晚上都备课到凌晨，第二天六点左右又赶着做教学PPT。当她满心想着该怎么教好他们的时候，却没有收获她想象中的反馈。

有个孩子叫小龙，每天玩手机到凌晨，也不完成作业。一开始，刘璐找他谈话，"你为什么不写作业""你一定要改变"。但刘璐从他无声的抵抗就感受到他听不进去，后来得知小龙爸爸也支持孩子玩手机，因为网络平台宣传看视频可以赚钱。当她深感挫败与无力的时候，她想起她的老师说过："相信什么，就会看见什么。"她顿悟了，原来在处理小龙问题时，她有偏见，认定他就是所谓的问题学生，带着责备去教育他、指责他，这反而激起他的反叛心理，收效甚微。于是，刘璐决定深入地去了解这群孩子。去家访，看到学生们的家庭结构、居住环境后，她突然意识到，那些被认为是"问题学生"的孩子背后，藏着一个个破碎的家庭。这让她深受感触，也让她更加渴望走近孩子们的内心，去帮助孩子们改变。后来她写了一封很长的信给小龙，分享知识的重要性，跟他一起比赛打字，小龙用手写打字，刘璐用拼音打字，当小龙发现拼音比手写快很多时，也开始好好学拼音了。

刘璐知道班里学生拼音基础普遍比较薄弱，带了两年六年级，她都主动申请中午午休时间帮助学生补习拼音。为了让学生们养成读书的好习惯，两年来坚持带学生每天阅读20分钟并记录读书笔记，培养学生阅读习惯，拓宽视野，多读书，读好书。刘璐希望他们可以站在巨人的肩膀上眺望世界，也可以培养其表达能力、写作能力。她所带的班级，一年时间有3~5个学生总阅读量在50本以上，最少的3个男生一年也看过7~10本书。学生通过阅读，可以感知世界，增长知识，拓宽知识面，提高写作水平、表达能力、阅读水平。在学生身上可以看到明显的进步，例如学生不再害怕写作文了,之前班里有4个学生五年级时都是不写作文,后来也逐渐可以独立完成写作。去年六年级毕业的学生返校时还会告诉刘璐,他们到初中后还是特别喜欢读书,不读书会不习惯。

刘璐带领学生们读书

刘璐意识到给乡村孩子带来好的教育,不仅是要把优质课程带给他们,更要让孩子们感受到爱。只有付出真诚的爱,才能迎来学生的改变。刘璐常常告诉学生:"老师不是因为你们表现好才爱你们,而是因为你们本身就值得爱。每个人都是宝贵的。"爱学生,就是教育的初心。因此,在她之后与学生的相处中,她都将这份初心贯穿始终。但仅依靠刘璐单方面的爱远远不够,破碎的家庭让学生缺乏安全感,不敢表达内心的声音。于是她找到了诗歌作为表达情感的桥梁,把"是光诗歌"带入课堂,带着他们探索自然、写诗创作、表达自我。她觉得,诗歌就是他们的"树洞",小诗里藏着他们的"成长密码",而她愿意当解码的人。

一次,看到学生娜娜写的《你在哪里》:"过去的你去哪里了/你什么时候可以回来/那个天真没有阴影的你。"看完这首诗后,刘璐才知道她曾受欺负和霸凌，知道后拥抱了她很久很久，也常常找她聊天谈心。

班里的小莲成绩优异，在她的诗中刘璐知道了女孩在家想被重视的渴望，因为她是家里三个女儿之一，有两个弟弟，她在《蝌蚪的秘密》中写道："小蝌蚪/努力地游/努力地长/想博得青蛙的称赞。"

小蝶在《分工》中也写出了成长的思考："女性要做家务/男性要工作/为什么要这么分呢/这个问题从来没有得到答案。"另一个学生小怡的爸爸常年在外打工，妈妈照顾5个孩子，诗中她写出对妈妈的心疼。《想要的礼物》："我想要的礼物/就是/快快长大/帮助妈妈。"

在学习《夏天里的成长》这一课时，小然写下《生长》："老师说万物都在生长/我有一个问题/为什么钱不会生长呢？"

班里的小桐总是乐呵呵的，在诗中刘璐明白了她的乐观是大自然带给她的。她的《生日祝福》："今天，是我的生日/小鸟叽叽喳喳/落叶哗哗啦啦/雨点滴滴答答/万物都在为我祝福/可是/父母忘了。"她的《乌云》："小白云和太阳玩游戏/玩着玩着/小白云晒成了小乌云。"《雨》："云朵把伤心、难过的事/都憋在肚子里/越憋越大/有一天/终于憋不住了/大声地哭了出来。"每次看到小桐的诗歌，刘璐都能感受到大自然，农村的一草一木赋予小桐成长的意义，而小诗也成了她给大自然的特别礼物。

小真的《雨》："嘀嗒嘀嗒/下雨了/天空别伤心/白云和乌云只是吵架了。"读了小真这首诗歌后，刘璐才知道原来小真的爸爸妈妈常年在外打工，小真一直都没有安全感，她说爷爷奶奶每次吵架的时候就像仇人那样，让她很害怕，所以她写下这首诗。解锁诗歌密码，刘璐发现的是孩子们敏锐的思维和对于被爱的渴望。

六年级学生开始有了身体上的变化，刘璐就将生理健康系列课程带进课堂，教孩子们如何面对青春期、如何洗澡、如何保护自己、如何爱自己、如何尊重他人……学习性教育课程后，那个曾受伤的女孩娜娜写了一首同题诗《我爱我自己》："我爱我自己/如同鸟儿爱蓝天/如同鱼儿爱水流/一刻也不能放弃。"另一个学生小怡也写了《我爱我自己》："风的第一句是'呼呼'/叶的第一句是'沙沙'/水的第一句是'哗哗'/我的第一句是'我爱我自己'。"

为了美丽乡村——记乡村振兴青年志愿者

在诗歌中,刘璐看到治愈的少年,也在诗中看见信心、盼望和爱,就像他们班的小诗人说的:"诗歌课上没有正确与错误答案,我们每个人都不一样。"通过诗歌,更深入地走进孩子的世界;通过诗歌,带孩子跨越大山;通过诗歌,让孩子多一个知己。

刘璐说,"支教前听宣讲会时看到有个数据说到在中国现在的农村孩子上高中的比例是40%左右",她就想:"天哪,上了高中也不一定能考上大学,何况还有60%的农村孩子,他们去哪里了!"也许一切就像"是光诗歌"创始人——康瑜老师所说的:"哪怕我的学生因为现实问题以后不能走出大山,这里的四季也足够让他们体会不一样的人生,不再是干巴巴的乡村,而是有生命力的山水。"

用爱传递爱、用生命影响生命,刘璐深刻理解了作为人民教师的重要性,需要静待花开,也要以身作则。支教这两年刘璐与其说在奉献,不如说在"育人遇己",她说:"任何值得去的地方都没有捷径,未来我会继续发光发热,坚持初心,牢记使命,砥砺前行。"并把小纯小朋友写的《礼物》送给每一位像太阳一样的人:"太阳是个善良又慷慨的有钱人/她送给我们光明/她送给我们温暖/每天每天/从不收费。"刘璐也相信,未来我们的乡村会越来越好,就像刘璐班里的小坤在作文中写到的:"未来没有梦想,因为梦想很快就会实现。"

刘璐与学生在一起

支教山区，育人遇己——粤东山区志愿者刘璐的故事

学生们的诗歌创作

命运的分岔口

在山区做教育，阻力不仅来自地理位置偏僻导致的教育资源匮乏，还来自学生父母对教育的无意识、不重视。

刚到服务地的时候，刘璐以为山区的学生是积极、努力学习的，但是事实上是学生不理解老师，认为老师要求严格、不能接受。有一次学生不完成作业，留堂补作业补到很晚，家长也接连抱怨老师严格。庆幸的是，刘璐的严格要求让学生们不写作业、拖欠作业的坏习惯有所改变，家长、学生们也逐渐理解老师的苦衷。当老师的幸福感就是来自看到自己的学生慢慢成长起来，看到家长对老师工作的认可。

刘璐所支教的潮汕地区，学生们大多数用方言沟通，刘璐因为听不

懂当地的方言，偶尔显得不合群。如何改变语言上的不习惯？开班会的时候，刘璐与学生们玩一个小游戏，刘璐用山西方言说一句，让学生们猜是什么意思。如果猜不对以后大家在学校都要讲普通话，不能说潮汕话；如果猜得对，以后在学校可以说潮汕话。游戏很公平，学生们完全听不懂刘璐的山西方言，因此心服口服地使用普通话。

刘璐任教的班级有位学生考试只有两分，刘璐就跟考了两分的小蓝（化名）说："每天放学的时候，老师给你补习语文吧。"小蓝也答应了，说："好。"结果发现他六年级课本的字并不认识，然后刘璐就去借了一年级的课本，从第一课《天地人你我他》开始教起，重新教他识字，教了半个多小时，发现效果甚微，小蓝还是记不住字。刘璐也跟小蓝讲了学习的重要性，学习一步一步来，不要放弃，总能学会。可是，第二天小蓝就变卦了，他跟刘璐说："老师我不想学了。""为什么？"他说："我想去踢球，不想学。"

刘璐一方面为自己无法改变一个学生的学习观而感到沮丧，另一方面也发现当地存在教育不均衡的现象。在与其他教师交流中刘璐得知，学生小蓝有读写障碍，他看到的字，与我们正常看到的字不一样，例如写"鸟"字时，我们是根据笔画顺序从上往下写，他只能根据字的形体去画，从下往上地描画一个字。小蓝适合去特殊教育学校，但在贫困的农村、贫穷的家庭，他没有条件去特殊教育学校学习，家长也没有对孩子进行特殊教育、特殊引导的意识，只能任凭孩子野蛮生长。

在了解小蓝的实际情况之后，刘璐决定教会他在社会上用以生存的基本技能，比如醋与酱油的区分，以便以后可以自己购买所需的物品。不必强行让每一个孩子都学会、弄明白知识，特殊天使也是这个世界的一分子，他们不必懂得繁杂的事务，他们的世界是天真、纯粹的，值得被温柔以待。

校园霸凌逐渐低龄化，在中小学校里从未消失过，一些极端的校园霸凌行为，刘璐以为只会发生在新闻报道里，却不知道它悄然在所任教的班级中发生。一个班只有14个人，还是会有几个女生组成小团体去孤立另外一个女生，这令刘璐十分崩溃，难以理解平常天真的学生竟能说出如此让人厌恶的话语去攻击别人。"为什么这里面的空气这么脏呢？因为有些人在这里面。"她想起学生恶语攻击另外一个学生，不禁会愤怒，心疼那个受伤的女孩。

  刘璐第一次遇到校园霸凌事件，对于如何去处理问题，以及与家长沟通，她是束手无策的。她三天都难以入眠，整天整夜想如何解决学生的问题，怎样可以保护学生，怎样可以减少甚至是杜绝校园霸凌事件的发生。因此她联系了"美丽中国"的教练团队，积极寻找心理辅导老师咨询，查阅国际上处理校园霸凌事件的解决办法。最后她找到霸凌者谈话，让其意识到行为的恶劣，将她们的班级积分清零，取消期末三好学生参评资格，还要她们去帮助、呵护伤害过的人，并且每周跟老师汇报。在班会上，刘璐以"校园霸凌"为主题开展了一节心理教育课，告诉学生们校园霸凌是不对的，每个人都要勇敢地向校园霸凌行为说"不"。

面向阳光，心怀信仰

  在大学时，刘璐的论文课题就关注到乡村体育差距的问题，两年的支教生活转瞬即逝，刘璐表示，作为一个北方姑娘，她因为支教爱上了汕头。两年支教快结束的时候，学生们总会问："老师以后要去哪里，以后还能见你吗？""老师，以后我可以去找你吗？"学生们的追问，让刘璐重新思考未来的去向，最终决定留在汕头，成为一名高中教师，这对于学生来说也是一种鼓励，刘璐希望以此激励他们坚持读书。她真诚地希望更多的年轻人愿意加入支教队伍，为西部、为山区发展贡献青春力量。

  "育人遇（育）己"，这是刘璐对自己支教的评价，改变他人的同时也在遇见自己。青春最美好的岁月留给了志愿服务、留在孩子们最需要的地方，人生就要不断地向下扎根，向上结果。

  虽扎根农村，却让她拥抱了最美好最精彩的青春年华，拥有一段美好的记忆。这段经历让刘璐明白用生命才能影响生命，用爱才能唤醒爱，用希望才能点燃希望。每一位乡村少年都是鲜活的生命，他们怀揣着对世界的热爱，肩负着祖国的希望。少年强则国强，乡村教育的振兴承载着乡村振兴的梦想，国家逐渐繁荣富强，少年们也在厚积薄发，他们心中已经了埋下希望的种子，这颗种子即将在未来生根发芽、开花结果。

为了美丽乡村——记乡村振兴青年志愿者

因为淋过雨，才懂得撑伞人的意义
——服务山区留守儿童志愿者刘楠鑫[1]的故事

"因为淋过雨，才懂得撑伞人的意义。"此句出自俞敏洪之口，颇有温度，感人肺腑。后来人们常说：因为淋过雨，所以总想替别人撑把伞。用推己及人的温暖化解身边的悲凉，就是最难得的善良。而故事的主人翁刘楠鑫正是这样的人。

1996 年出生的刘楠鑫自幼在云南省永善县大山里留守长大，深知视野狭隘、素养贫瘠的留守困境。那年，正在广州大学读大二的他，返回小学母校捐赠了一批课外读物，因为目睹山里的孩子们依旧重复着和他当年一样自卑孤独的留守生活，激发了想要帮助他们打赢"留守战争"的想法。2016 年 1 月 15 日，他在广州大学联合 500 名大学生发起了"毕业后"公益活动，并组织一批曾在农村留守过的青年组建了公益创业团队，矢志不渝。

六年来，他一直将"聚焦乡村振兴、关爱留守儿童、赋能乡村教育，让每一个孩子都敢于拥抱梦想"作为自己的使命。率领团队聚焦孩子们

---

[1] 刘楠鑫，广东省青年联合会委员，广州大学 2018 届毕业生，广东省天天有益社会创新中心、广州市白云区天天有益青少年服务中心理事长，广东省青少年发展基金会毕业后公益基金创始人。自幼在农村留守 10 年，深知视野狭隘和陪伴缺失的留守困境。2016 年，在广州大学读大二时，创立"毕业后"公益品，致力于关爱留守儿童，赋能乡村教育，让每一个孩子都敢于拥抱梦想。7 年间为国内 2000 多所偏远地区的乡村小学捐赠公益图书馆并实施相关配套服务，有效助力近 50 万留守儿童健康成长。个人曾获"第六届中国国际'互联网+'大学生创新创业大赛金奖"、2021 年度"广州市慈善人物影响力榜"、2020 年第二季度"广东好人""澎湃新闻 2021 年度十大新锐人物""第四届大学生就业创业人物""2022 书香羊城全民阅读推广大使"等数十项荣誉。

因为淋过雨，才懂得撑伞人的意义——服务山区留守儿童志愿者刘楠鑫的故事

的素养贫瘠难题，开创了"1213"公益模式，打造了"毕业后公益图书馆""守护花蕾计划"等品牌项目。以"平凡向善，创造美好"为行动理念，团结了100余个地方政府、300位明星、300余家企业、5000余家向善追星团体、10000家爱心单位、42万名志愿者、110万位爱心人士，共同为国内1800所农村小学的45万名孩子提供了阅读和防性侵教育关爱服务。相关公益倡导得到25亿人次关注，事迹得到学习强国、人民网等媒体报道1000余次，荣获教育部、团中央两项国家级金奖。这些是荣誉，更见证了刘楠鑫奋斗的青春。

回望初心，圆儿时梦

人生中的关键选择，看似偶然，细究之下，却会发现早已埋下伏笔。刘楠鑫出生在云南省昭通市永善县溪洛渡镇吞都村，村子对面的山头就是四川大凉山，村里曾经的条件与大凉山相比"好不了多少"，土地贫瘠、交通闭塞甚至还缺水。为了改善家里贫困的生活，父母在他4岁时就外出打工，一年才能回家一次。年幼的他从小跟随外婆生活，成为一个留守足足10年有余的留守儿童。贫穷的现实，孤独的童年，对知识的渴求，构成了刘楠鑫童年的底色。

地理位置的偏远和经济条件的匮乏，让刘楠鑫的童年很是无趣。没有父母的陪伴，也没有伙伴玩耍，他只能自己一个人躺在山坡上捏几十上百个泥人，模拟军事家指挥打仗；也喜欢躺在地上看星星，看身旁的萤火虫飞来飞去。这些在我们现在看来充满了自然意趣的"小清新"活动，却是他日复一日的生活。小小的楠鑫也时常望着周围一座又一座的大山，好奇山后面的世界是怎样的，只可惜陪伴他的永远都只有那些了无生趣的荒原，无人带领，也无人应答。

小学时学识字，刘楠鑫的班上只有一本上届学生留下的新华字典，同学们将这本字典分成两半，翻得破破烂烂。有一次校长给班级代课，无意中说出办公室有几本课外书，那时有些内向、不善言辞的小楠鑫趁

着周末，和班上几个同学爬水管偷偷进了校长办公室拿到了一本《阿凡提的故事》。刘楠鑫依稀记得，他们几个同学把书拿到后，当天下午就看完了，后来就反复看，甚至在放牛割猪草时也插在裤腰带上，最后这本书被翻烂了他们也没拿回去还，既怕校长发现，又舍不得还。这次"偷书"的经历让他刻骨铭心，小小年纪的楠鑫就在心中诞生了一个小小的梦想：要是长大后能让像他这样渴望知识的孩子，拥有许许多多的课外书，那该是一件多么酷的事啊！

初具规模，推己及人

"哐当哐当哐当……"伴随着火车徐徐前进，刘楠鑫从小村庄来到了向往的大城市。2014 年，他考上广州大学广播电视新闻专业，带着敬畏和好奇，开始勇于尝试各种新鲜事物。

大学期间，他参加了学校里的许多公益社团，也组织同学去过特殊学校当志愿者。这些经历让他对公益有了全新的认识。"以前我觉得做公益需要很多很多钱，现在发现做公益也可以很简单，哪怕是一分钱也不捐，就是单纯地陪着那些特殊孩子也很有意义。"刘楠鑫这样说道。

在刘楠鑫的母校旁曾经有一条名叫"南五路"的美食街，有不少小商贩推着三轮车售卖各地美食小吃。因为喜欢吃辣，刘楠鑫也是这条街的铁杆粉丝，常去一些老乡的摊位上点上几份，然后和好朋友们坐在马路边尽情享受。久而久之，刘楠鑫就和这些摊主们熟络了起来，有空时互相串门。在刘楠鑫大二上学期临近期末时，这条美食街被封，商贩们被驱赶，几乎做不了生意，100 多个摊主瞬间失去了经济来源，不知所措。

其中一位炒粉的陈记大哥，找到刘楠鑫倾诉了他需要靠摆摊卖炒粉养活家里整整 11 口人的困境。一个普通人怎么会需要养活 11 口人呢？带着新闻人的好奇心，刘楠鑫去到陈记大哥的家里一探究竟。原来这位陈记大哥除了需要养活小两口、家里两个正在四川老家上学的儿女、双方四个父母外，还有一个身患癌症时刻需要治疗的大哥以及大哥膝下的一对儿女。"兄弟啊，我没得办法，大哥患病后嫂子就跑了，他是我亲大哥，他的子女就像我亲生的一样，我得照顾好他们，平时给钱买衣服那些我都是一视同仁，生怕他们觉得不公平，就不好好读书了。"这是陈记大哥给刘楠鑫诉说的原话。"说实话，当时就把我震住了，感觉在我面前的不再是那位平时问我要加多少辣的炒粉大哥，而是一位盖世英雄，在我面前生动演绎人的担当，我得为他做些什么。"刘楠鑫这样说道。

紧接着，刘楠鑫就通过开通公众号，建立网上商城，组建各个摊主的粉丝群，成立物流配送队伍，帮助美食街的小商贩们搭建起了线上点餐和配送平台。让同学们足不出户就能点餐，让小商贩轻松在家就能售卖小吃。短短一星期，竟然有超过2万人消费，帮助摊主们恢复了至少70%的营业水平。那段时间里，摊主排着队预约刘楠鑫，就想请他吃顿饭感谢他。

这有点超出刘楠鑫的意料，他发现原来利用自己的专业知识可以切实帮助到这么多的人。此时在他脑海中浮现了大山里的孩子们质朴的面孔，他内心想：何不用自己的专业知识搭建一个类似的平台，为山区里

刘楠鑫毕业照

为了美丽乡村——记乡村振兴青年志愿者

的留守儿童们送去一份温暖与帮助呢？对于行动派刘楠鑫来说，一个冒出来的小小念头不算珍贵，而付出实际行动，把想法变为现实，才是他真正要做的事情。刘楠鑫很喜欢武侠小说中行侠仗义的英雄。"古话说'穷则独善其身，达则兼济天下'，其实穷也可以兼济天下。"在他看来，做公益在某种程度上就是正当的"劫富济贫"。

敢为人先，敢闯敢干

说干就干，2016年1月15日，刘楠鑫通过互联网发起倡议，发动同学和朋友以及同学的同学、朋友的朋友一起参与公益。经过短短一个多月的努力，他最终联合了北大、清华、哥伦比亚大学等国内外500名大学生组建团队，共同发起了"毕业后公益图书室"项目，以"让书有人看、让人有书看、让书成为一种力量"为行动理念，号召社会向欠发达地区乡村小学提供积极、健康、精准的课外读物。

刘楠鑫在山区陪伴留守儿童

团队得以顺利组建之后，刘楠鑫与小伙伴的公益之旅正式启航。为了找到合适的图书，他们端着纸箱子到广州大学城各个校园去募集书本。

因为淋过雨，才懂得撑伞人的意义——服务山区留守儿童志愿者刘楠鑫的故事

在这群年轻人的努力下，很快，第一家"毕业后公益图书室"在广东清远佛冈的一个乡村建立起来。其他数百位联合发起人看到第一间图书室的成立，也纷纷想要在自己的大学开展公益收书活动，刘楠鑫就把行动的经验形成文本，发放给大家。在大家的齐心协力下，他们的收书行动迅速以燎原之势遍布全国高校，头两年就在全国开展活动超过1000场次，吸引了数以万计的大学生参与了进来，不少社会力量也被影响而加入进来。

但因书籍较重、距离较远，运输的费用问题，对于一个学生团队来说，开始变得无法负担。于是，为了能让这个项目正常运转下去，他与团队成员一起贷款了5万块钱，用于书籍的运输和分发。而除此之外，他们还省下自己的生活费，就为了能够给山区孩子多送去一些书籍。

来到大学毕业的十字路口，必须得考虑生存的现实问题。当时他们翻阅了所有能查到的资料，发现出身于草根大学生的社会公益组织寥寥无几，绝大多数热爱公益的青年同胞们要么暂时放弃了热爱，要么暂时选择公益就业，公益创业成功的希望万分渺茫。

刘楠鑫也会经常怀疑自己，有打退堂鼓的想法。临近毕业的时候，因为坚持公益创业，与绝大多数同学就业创业方向大相径庭，他有3个多月无法入睡，心情极度抑郁，甚至生理失调，出现尿失禁的症状。但是这个困难并没有困住充满坚定决心的刘楠鑫，他明白，这个项目凝聚着很多支持者的心血，也寄托着山区留守儿童的希望，而正是这份责任感让他不能轻易放下这个项目。他带领着团队的成员们，咬牙做出了继续做下去的决定。放弃了在大三考研、找实习，立下了"君子协定"，无论项目进展如何，都不能放弃这个项目，死也要死在公益创业的路上。

为了拓宽项目的广度，他们不再局限于校园内，而是走出社会，艰难地寻找起合作机会。对于校园里的学生来说，社会无疑充满了不确定性，并且许多问题也都超出了他们的能力范围。面对这些困难，他们有过迷茫与痛苦，但是每当他们想起山区的孩子们以及团队当初的约定，还是坚持着自己选择的道路，一步步在社会上努力地寻找合作机会。

可以说，刘楠鑫团队对于"毕业后公益图书室"这个项目付出了大量的时间和精力，而得以让他们获得成功的，正是这份在前路未知时敢于孤注一掷的决心和魄力。

为了美丽乡村——记乡村振兴青年志愿者

得道多助，乘风破浪

　　创业本就九死一生，公益创业更是百里挑一，2020年注定是考验刘楠鑫他们初心和使命的一年。新冠疫情打乱了原本正常的生活和工作，行业内相当一批公益机构因此遭受重创甚至倒闭。在新冠疫情笼罩的2月初，团队兄弟姐妹们穿越无人的机场、高铁站，从全国各地奔回创业战场，紧急调整年度计划，轮流生火做饭半年之久，24小时灯火通明跟时间赛跑。

　　他带领团队和广东省岭南教育慈善基金会联合100多家社会团体发起了"防卫者守护行动"，募集善款28万，为15个省市地区的310个基层防疫工作站捐助防疫物资。同年5月，联合400余家单位发起了"孩子别怕，我们来了"关爱活动，募集资金达70万，针对两万名留守孩子严重缺乏精神关怀问题提供精准帮扶。带领团队举办了首届全国乡村学生写作绘画大赛，帮扶全国200所乡村小学的3万多名留守儿童，通过绘画和写作的方式，有效缓解了留守儿童在疫情下的焦虑心理。2021年，河南水灾发生后，他们联动爱心企业和正能量粉丝发起"追星女孩助力河南灾后重建行动"，募集善款超过60万，助力受灾农村小学书香校园建设。

　　当他们的努力渐渐有起色的时候，又遭遇了另外的黑天鹅事件——"校服热搜事件"，至黑至暗那段岁月，压得他们差点喘不过气。

　　某明星粉丝出于善意通过"毕业后"公益和当地有关部门向华南某农村小学捐赠校服，因为服装上印制了"赞"字而在网络上引发无端争议，舆论倒向当地，造成了巨大压力，受赠学校校长面临被开除的处分。本着确实存有考虑不周之处，最重要的是校长被免职后，会造成他半生坚守顷刻全无、名誉尽失等严重后果，刘楠鑫带领团队一致决议：保住校长才是头等大事，损失眼前利益事小！最后包揽"全责"，发布道歉信，此举还上了微博和抖音热搜，直接损失当时通过数月努力争取来的

300万的合同。庆幸的是，刘楠鑫和团队最终保住了这位乡村小学校长。

苍天不负苦心人！坚持公益创业的路上，刘楠鑫收获了很多宝贵的力量支持。面对他的不懈努力以及对公益事业的热爱，社会还是给了他良好的爱心反馈，有许多人都给予他莫大的帮助。比如：在团队没有办公场地的时候，爱心人士李环霞花了100多万，把白云区物流园里面的一个宾馆，改造成办公住宿和仓储一体的空间，然后免费提供给团队长期使用；资深媒体人、公益人何雪峰老师指导他公益行业是怎么运转起来的，指导这个从学校发源的小打小闹式的项目，如何变成一个真正的、可供多人参与的、成熟的公益项目；不少企业在赞助他们公益活动时对刘楠鑫说，赞助不仅是为了帮助留守儿童，还希望能呵护他们播下的这颗善良的种子发芽壮大……

生命影响生命，一朵云推动另一朵云！刘楠鑫他们通过千图计划及互联网公益招募，撬动了42万名志愿者。湖南省郴州市宜章县浆水乡大地岭学校校长廖路芬，在微博上偶然浏览到"毕业后"的公益活动，但当时并未过多关注。2018年6月"毕业后"竟来到了她的学校捐赠图书，令她兴奋不已。她深入了解"毕业后"这个组织后，发现这是一群年纪比她还小的年轻人在公益创业，她被这些年轻人平凡向善的精神所打动。她在放暑假那天晚上，只身一人从湖南来到广州的"毕业后"的办公室，也想为乡村教育尽自己的一份力。那段时间里，她早上不到7点就起床帮忙，在仓库里拆卸快递、整理书籍，直到晚上11点才回去休息。前前后后忙忙碌碌的一周，她累计工作112小时。后来刘楠鑫他们才知道，那是廖校长第一次来广州，顾不上出去玩，她把所有时间都用在了"毕业后"。

这样的志愿者还有很多。2019年，14岁的王鑫宇作为粉丝团成员参与"毕业后"的公益活动时，无意中在微博认识了刘楠鑫，同时受邀成为"毕业后"的一员。随着对刘楠鑫的了解越来越深，被正能量感染的王鑫宇也开始用自己的力量去做公益。他先后在家乡帮助两间图书室落地；在新冠疫情、河南暴雨、山西暴雨期间，积极发动社会力量，累计筹集到捐赠口罩超过两万只，受益者超过1000人；他积极参与公益倡导，目前已在微博记录8000多条公益行动，微博账号两年的传播量高达

为了美丽乡村——记乡村振兴青年志愿者

8500万;他的事迹也被《南方日报》《中国青年报》宣传过……然而,他现在才17岁!可以说,在刘楠鑫他们公益创业过程中,得到了无数平凡且向上向善的力量加持,由此也铸就他们的公益魂——平凡向善,创造美好。

刘楠鑫的行动也受到了党和政府、共青团、母校广州大学的高度重视和大力扶持。在刘楠鑫他们毕业后陷入资金发展困境的时候,广东省青少年发展基金会为他们开设了专项基金,并提供诸多筹资经验;广东省志愿者行动指导中心"益苗计划"给予项目发展培育和创投支持;共青团广东省委员会担任了他们省级民非机构的主管单位。刘楠鑫就读的广州大学新闻与传播学院老师们经常在他的个人成长和传播资源方面给予辅导和支持;创新创业学院老师们连续3年在项目公益模式专业设计上给予了超过100次的打磨辅导,在资金困难时还给予创业资助;自他创业以来,广州大学已有超过1000人次的师生和校友参与到他们公益行动的方方面面。前广州市委书记张硕辅、团省委书记池志雄等领导还亲自到访他们办公室给予悉心的辅导支持;属地团白云区委、街道、社区也纷纷参与支持他们各项活动。

这些支持力量的涌入,不仅仅为刘楠鑫带来经济或者资源上的支持,最为重要的是,深刻影响了他的管理理念:做公益要朝着更为专业、规范、高效、可持续的方向前进,需要不断打磨产品和服务,打造可持续的发展路径,这份事业才能做大做强。

全面升级,飞速发展

经过5年的日夜艰苦摸索和用户需求洞察,刘楠鑫带领团队的公益项目形式早已不再是捐赠书籍那么简单。他们通过深耕发现,阅读资源匮乏、阅读指引不足、阅读氛围淡薄三大难题是千万留守儿童素养贫瘠症结所在,于2021年开创了"1213"公益模式作为解决方案,即1个家园、两大赋能、1个载体、3大抓手。

因为淋过雨，才懂得撑伞人的意义——服务山区留守儿童志愿者刘楠鑫的故事

1个家园。针对阅读资源匮乏难题，他们依托农村村小闲置课室，打造集优质读物、温馨环境、齐全设施为一体的图书馆，作为孩子们快乐阅读的精神家园。

两大赋能。针对阅读指引不足难题，他们开展"留守儿童悦读引路人营"为教师提供针对性培训服务，研发系列阅读课程为孩子们提供适应性强的学习内容，实现教师、孩子两大群体赋能，提升教师们阅读指导能力和孩子们阅读水平。

1个载体。针对阅读氛围淡薄难题，他们以阅读推广活动为载体，开展"美好悦读杯"写作绘画大赛、校园师生微创实践扶持计划、校际交流茶话会、系列阅读专题行动等丰富多彩的活动，营造读好书、好读书的悦读氛围。

3大抓手。为促进关爱工作长效性和可持续性，他们坚持去中心化的理念，一直探索项目本地化运营之路。一是充分调动校长和教师的主观能动性，做好其好帮手的角色，形成"毕业后—学校—（校长）教师—儿童"的在校关爱网络，作为素养教育帮扶的抓手；二是联动当地政府共建以阅读为核心的示范区，牵头县域公益组织搭建高效协作与赋能支持平台，形成"政府—毕业后—当地组织—儿童"的在地关爱网络，作为素养教育县域发展小循环的抓手；三是团结素质教育企业、资深人士和一线达人教师品牌联手共建研发中心进行内容开发，凝聚一批素养教育导师队伍为一线教师进行陪伴指导，形成"毕业后—社会力量—儿童"的社会支持网络，作为素养教育赋能的抓手。在校、在地及社会支持网络相结合的3大抓手，凝聚了多方力量和智慧，构建起立体化关爱格局。

项目实施主体上，刘楠鑫在原本"毕业后公益基金"的基础上，于2021年先后成立了广州市白云区天天有益青少年服务中心和广东省天天有益社会创新中心，作为行动开展的有力支撑。

为广泛复制"1213"公益模式，获得可持续的资金来源，他们开拓了"个十百千万"工程。

"个"是开展互联网公益筹款，影响更多公众个体参与。他们以互联网为阵地，持续输出优质公益内容，并在微公益、腾讯公益等平台上线公益项目作为网友主要参与途径，目前已有微博粉丝超过105万，相关

话题浏览量超过 25 亿人次，超过 110 万网友为他们捐款捐物。

"十"是 18 个振兴乡村阅读计划示范区：以阅读示范区为纽带，联动受助地区内外资源，融合多方智慧和力量，建立"毕业后+政府+社会力量+当地公益组织+受助学校"的深度阅读帮扶模式。联合湖南省韶山市、四川省宣汉县、云南省昭通市、江西省瑞金市、甘肃省武威市、新疆伽师县等 18 个革命老区、偏远地区市县政府实施"振兴乡村阅读计划"，实现项目的连片复制与运营。

"百"是百强社会责任偶像应援计划，现改名为"美好应援计划"。美好应援是国内向善追星文化的提出者和引领者，致力于构建粉丝公益创新支持平台，推动粉丝公益朝着高效、专业化发展，弘扬追星正能量，已经成长为向善追星支持者们的高品质公益应援首选平台，成功主办过"星力量"年度公益盛典暨国内首届粉丝公益应援颁奖典礼。目前已凝聚 200 位爱心明星发声支持、5000 余家向善追星团体持续捐款捐物。

"千"是千图计划：千图计划致力于打造民间最大的"善一代"培育基地。首创"1×1×N+1"创新模式，即 1 位发起人牵头 1 支团队联动 N 股社会力量聚焦解决 1 所乡村学校阅读问题。孵化了全国 1000 多位大学生公益达人，创立 1000 多支志愿团队，为家乡改善阅读条件，影响青年超过 1000 万人。其中，不少团队至今依然在持续发展，毕业后公益佛山服务队就是其中一支。自 2016 年 10 月 19 日成立以来，累计吸纳队员 300 人，志愿者 4000 多人次，服务覆盖到 25 所乡村学校，惠及超过 3500 位孩子，曾获第十二届"挑战杯"省级三等奖等奖项。青春向善，公益筑梦，点亮人生！千图计划还推动了东华理工大学、岭南职业技术学院等多所高校将其作为全校性青年公益活动。

"万"是留守儿童万人计划：面向深度支持伙伴推出的创新公益参与方式，支持伙伴通过每月自动定额捐款的形式成为合伙人，长期陪伴机构的成长，轻松实现自己的公益参与愿望。该计划于 2021 年 9 月推出，计划两年内团结 10000 名合伙人共同呵护留守儿童美好未来，目前已有 1000 位合伙人。在这些合伙人中，有来自乡村的教师，有来自企业的高层，也有高校教师，大家因为想要"帮助儿时的自己"而团结在一起。

因为淋过雨，才懂得撑伞人的意义——服务山区留守儿童志愿者刘楠鑫的故事

"毕业后"公益团队合影

青春之花，向善绽放

婷婷从小在道教圣地老子山山下长大，每天山上的钟声刚刚响起，她就要照顾70多岁生病的奶奶吃早饭，然后沿着崎岖的山路去上学；夜深人静的时候，她总是盯着爸爸妈妈打工的方向，心里倒数着他们回家过年的日子……这样孤独的留守生活已经重复了6年。盼望着盼望着，妈妈终于回来了，可是婷婷又迎来了另一段更为艰难的跋涉：工作时的一场意外造成了妈妈腿部的重伤，手术后的妈妈不能行动，婷婷每天要

花很多精力帮助妈妈更换药物、照顾生活起居，致使她的成绩出现了大幅度的下滑，本就自卑的她几乎不说话了。2019年8月，在爱心人士贝老师的引荐下，婷婷的学校进入了刘楠鑫团队的视线，该校留守儿童占比高达70%，人均图书只有1本，他们的脸上大都黯淡无光……1个月后，刘楠鑫团队为老子山的孩子们建成了"毕业后公益图书馆"。落成当天，孩子们扎堆穿梭在不同的书架间，唯独婷婷躲在角落里。这引起了志愿者小琳的注意，当小琳看向她时，她竟惊慌失措地跑开了。小琳通过班主任宋老师了解婷婷的情况后，和班主任共同商议让婷婷担任1年的图书馆小小管理员，希望借此帮她走出阴霾。在这期间，婷婷利用课余时间整理了图书馆的每一本书，详细划分了图书的类别，编制了图书明细表和借阅登记册。她的工作得到了老师和同学的一致称赞，婷婷变得大胆自信、活泼开朗，还经常主动向其他同学分享图书中的精彩章节。令人意想不到的是，在2021年期末统测中，婷婷综合成绩进入了全班前3名。而像这样带来美好改变的故事在"毕业后"公益团队的帮助下还有很多很多。

道阻且长，不惧未来

随着公益项目的推进，刘楠鑫发现农村留守女童存在性教育认知缺失、生理健康知识基础薄弱、防性侵意识不足三大难题。这个项目得到了"毕业后"公益团队的"00后"师范生志愿者的支持，他们历时9个月，不惜牺牲假期和课余时间来推进项目，先后修改相关内容超30次，经过一年的研发，刘楠鑫团队正式推出了"守护花蕾计划"项目，他带领团队研发了《守护花蕾性教育知识手册》和系列课程，还发放了集性教育、生理卫生、防性侵科普教育为一体的花蕾礼包，实现对女童的关爱与保护。

"守护花蕾计划"项目于2022年3月8号正式上线，短时间就获得了50多位明星倾心推荐，500多个向善追星粉丝团大力参与支持，超过

40000名爱心网友慷慨捐赠，超过1亿名热心人士关注。

该项目目前已经覆盖了全国15个省份、100所学校的20000多名学生，试点学校的老师也对该项目表示认可。甘肃省武威市凉州区黄羊镇九年制学校的张会娟老师讲述："学校地处偏远农村，经费有限，女童关爱方面的资源非常缺乏。这个项目引导女孩子们养成良好的生理卫生习惯，增强了她们自我保护和预防性侵害的意识。""性无知、性欺骗、缺乏防卫意识才是孩子们给不法分子可乘之机的源头。虽然女孩子们第一次正面接触这些书籍有点不知所措，但通过听班主任的讲解、观看动画课程，孩子们确实学习到了防性侵知识，知道了该如何保护自己。"甘肃省武威市凉州区黄羊镇靖边街小学的王彩霞老师说。

"集天下资源，为天下服务"，这是刘楠鑫的朋友圈座右铭，他时刻铭记于心，不断鞭策自己在别具一格的创新创业路上拼搏进取。向善创业，做祖国关怀留守儿童事业的建设者和持续贡献者，链接更多生命在党和人民最需要的地方绽放绚丽的光彩，推动中国公益事业发展，助力乡村振兴大战略！

谈及"毕业后"公益的未来，刘楠鑫常常这样说："现有的成绩相对于国内尚存近千万的留守儿童素养需求来说简直不值一提，我们还有更长的路要走，还需要更多个我们一起走，希望更多人和我们一起去帮助那些留守儿童。"

"淋过雨的人总想着给别人撑伞，没安全感的人，特别会给别人安全感。"刘楠鑫将儿时尝过的苦和难都化为更强大的力量，对他人、对世界生出更多怜悯之心。他最大的愿望，是感召更多的人和他一起帮助"儿时的自己"。公益创业，他一直在路上，从未停歇。

为了美丽乡村——记乡村振兴青年志愿者

做乡村孩子的"小朱姐姐"
——山区计划志愿者朱慧伶①的故事

用爱浇灌,孕育希望

"粤港警察希望小学"是广东韶关山区的一所希望小学,当六岁的朱慧伶第一次接过校长颁发的"优秀学生"奖状时,心里别提有多高兴了。令她没想到的是,除了一张奖状,校长还给每个获奖的同学发了一个红包,红包里有二十块钱,家庭贫困的同学也得到了学校发放的学习用品、文体用品。校长说:"这是香港的警察叔叔们为大家提供的支持和帮助,希望大家能够好好学习,长大以后报效社会,报效国家。"爱被阳光织成长长的围巾,轻轻地披在每一个孩子幼小的身躯上,温暖着他们成长,虽然这是一所不大的希望小学,同学们的家庭条件都很艰苦,但老师们却始终教育着大家感恩、爱国、自强、上进,而在小慧伶幼小心灵的深处,也早已埋下了长大以后要去帮助山区小朋友的美好理想。

---

① 朱慧伶,广东大学生志愿服务西部(山区)计划一校一社工项目志愿者,现为广东财贸职业学院马克思主义学院专任教师。志愿服务时数1639小时,曾获"第十三届中国青年志愿者优秀个人奖"、"第十七届大学生年度人物入围奖"、2020年"广东大学生年度人物"、2020年"广东向上向善好青年"等荣誉。

爱有多暖，梦有多燃

多年后，朱慧伶如愿以偿考入了大学，儿时的种子早已在朱慧伶心灵深处生根发芽，长成了参天大树。在大学里，她积极参与志愿服务，从给流动儿童讲绘本，到带青少年探访社区老人；从陪伴自闭症儿童，到做志愿义工……帮助别人让她的生活变得充实而有意义。"只要心中充满阳光，每一个日子都能过得滚烫。"朱慧伶如是说。青春，如灿烂星河、如炽热火焰播散在朱慧伶的日日夜夜。在学校里，她创建了一支公益创业团队，专注于社会公益与青年文化的发展，渐渐地她对志愿服务和公益愈发地热爱了，她感受到帮助别人的过程不仅仅在付出，更是在收获，"爱出者爱返，福往者福来"，每一次帮助他人，每一份善意的温暖都可能为他人带来改变，而她也在这播撒爱的路上收获到许多真诚与感动。

以爱为名，"小朱姐姐"

那个从粤北山区走出来的小女孩，终于实现了自己儿时的理想，成为了粤西乡村孩子们的"小朱姐姐"……

朱慧伶

为了美丽乡村——记乡村振兴青年志愿者

正在攻读社工专业硕士学位的朱慧伶偶然看到了广东大学生志愿服务西部（山区）计划"一校一社工"的项目，她想也没想，立刻报了名，研究生休学一年参与这个项目，并不能享受到任何相关的优惠政策。很多人不理解她的选择，认为一个研究生就该好好学习，顺利毕业找份好工作，一个女孩就该安分守己不该如此奔波。回到山区帮助小朋友是她从小到大的心愿和梦想，她想要回到山区，把山区外的世界带给孩子们。

在从广州到茂名信宜市北界镇的乡村班车上，朱慧伶的心始终是愉悦的，看着眼前柔软的白云、连绵的山峰、翻滚的稻田，闻着空气中散发的青草芳香，刹那间时光仿佛将她一把拉进了家乡的回忆里，无数种情绪瞬间涌上心头。

北界镇的大街上没有城市的喧嚣，零星开着一些小店，街上的行人大多是老人和小孩，讲着一些她听不懂的本地话。镇上的大马路还没有修好，车辆飞驰而过，在闷热干燥的夏天卷起一片尘埃。

就在朱慧伶踏上这片土地的那一刻，她知道新的故事将在山区的虫鸣鸟叫中书写，村小校长把她安排在了一楼的爱心室办公。一下课，同学们都跑到爱心室，你挤我一下，我推你一下，个个伸长了脖子想看看新老师长什么样，有几个胆大调皮的同学忽闪着黑溜溜的大眼睛，偷偷地朝她挥手。看到同学们如此可爱的样子，朱慧伶觉得很开心，初来学校的陌生感在孩子们期盼的眼神中瞬间烟消云散。

朱慧伶特别喜欢孩子，很享受与孩子们在一起的时光，孩子们也很喜欢这位温柔、善良、知识丰富的新老师，还暗地里给她取了个亲切的名字"小朱姐姐"。每当孩子们看到她，都会用他们洪亮清脆的嗓音大喊："小朱姐姐好！"每天放学，朱慧伶会迎着夕阳站在门口和他们挥手告别，同学们排着一条条长长的队伍走出校门，一个个都向她招手说："小朱姐姐再见！"从此"小朱姐姐"成为孩子们心里最动听的名字。

做乡村孩子的"小朱姐姐"——山区计划志愿者朱慧伶的故事

爱心信箱，彩虹桥梁

"小朱姐姐，你好，我爱你。"

"小朱姐姐，我很伤心，我的爸爸妈妈要拆家了。"

"小朱姐姐，我考试拿了满分。"

"小朱姐姐，我今天和同学吵架了。"

"小朱姐姐，这是我给你写的信，记得回信哦。"

这是放进朱慧伶"悄悄话信箱"的一封封同学来信，这也是朱慧伶为了让孩子们打开心扉所架起的一座爱的桥梁，这个悄悄话信箱不仅拉近了朱慧伶与孩子们之间的距离，更让朱慧伶能够走进孩子们的心里，尽自己所能帮助他们。

有一天，朱慧伶收到这样一封信，歪歪扭扭的字迹旁画着一个哭泣的表情。这是一个二年级的小女孩，她的父母离婚了。朱慧伶对这个小女孩印象特别深刻，她的衣服和小手总是脏兮兮的，她是典型的留守儿童，家里只有年迈的奶奶照顾她，爸爸妈妈只有过年才回来。现在，她爸爸妈妈离婚了，她的心里非常难过，导致她经常在课堂上突然大哭。朱慧伶立刻给小女孩写了回信并告诉她："爸爸妈妈离婚了不代表不爱你了，他们对你的爱不会改变，小朱姐姐也会一直爱你，会一直陪着你。"为了分散小女孩的注意力，朱慧伶送给小女孩一盒水彩笔，此后，小女孩每天都给她送一幅自己的画。当天渐渐转凉，朱慧伶与"双百"社工一同来到她家，教她做家务、整理自己的房间、保持个人卫生。在一天天的陪伴中，小女孩的心情也慢慢稳定了下来，笑容也逐渐多了起来。

为了美丽乡村——记乡村振兴青年志愿者

社工课堂，让爱延续

　　为了与孩子们更快熟悉起来，朱慧伶开设了社工课堂。当她第一次走上社工课堂讲台时，课室里掌声雷动，孩子们一个个挺直腰板，一双双好奇的小眼睛都注视着她，她在课上带大家做起了游戏、唱起了歌，整个课堂上充满了欢声笑语。当朱慧伶想在班级里选拔两位社工助理时，同学们的小手顿时齐刷刷都举得高高的，一封又一封的自荐信像雪片似地飞进了社工信箱。其中有一封信朱慧伶印象特别深刻："亲爱的小朱姐姐，您好，您说的社工助理，我一直都很想当，为什么呢？因为我觉得社工是有爱心的，您在课堂上也常常告诉我们：'社工的任务是帮助他人，奉献爱心，用心来温暖别人的。'我很希望能够成为您的社工助理，像您一样，帮助别人、温暖别人。"孩子的善良懂事让朱慧伶觉得格外心疼，她在帮助孩子们的同时，孩子们也在用纯真与善良回报着她。"爱出者爱返，福往者福来。"朱慧伶说，"也许很多人会认为，志愿者是一份奉献自己的工作。但是，当我们真正投入这份工作的时候，就会发现我们也是在不停收获着的。孩子们的纯真和善良像春风一样潜入你心底，温暖着你的心。"远处田野里一片片金黄色的稻田在翻滚着，随风而来的是一阵阵稻子香气，朱慧伶暗暗下定决心，在这一年里一定要用尽全力帮助孩子们，因为她相信，一年后她也将拥有属于自己的金色稻田。

爱的守护，健康成长

　　近几年，留守儿童被性侵事件屡屡见诸报端，相较于城市地区，农村留守儿童处于更为弱势的地位，隔代监护是朱慧伶所在的北界镇留守儿童家庭生活状态的重要特征，孩子们的祖辈受教育程度普遍偏低，关于孩子性安全知识严重缺乏，根本无法提供科学的性教育。很多老人对留守儿童的看管仅限于对其吃饱穿暖的关注，对他们的心理和精神照顾严重缺乏，更谈不上对孩子性安全的监管和看护。

朱慧伶开展儿童性教育课堂

为此，学校安排朱慧伶负责孩子们的生理卫生工作。为了做好这项工作，让孩子们在进入青春期前对生理知识有熟悉感，减少他们可能存在的恐惧，培养正确的认知，她还特地报名了中国性学会培训认证部的儿童性教育专业课程，希望用科学的知识帮助到他们。她积极为学校链接社会相关资源，开展形式多样的儿童性教育活动，她的儿童性教育课堂不是填鸭式的课堂，更不是说教式的课堂，而是参与式的课堂。在课堂中，朱慧伶问同学们："你从哪里来？"得到的无一例外是从垃圾桶捡来的、充话费送的这样的回答。她通过生动形象的动画和图片耐心地带他们认识人体，她教孩子们必要的生理知识，告诉他们如何保护自己，告诉他们这些和我们的手、眼睛、鼻子一样，都需要我们去了解它们。她准备好颜料，带领孩子们共同完成身体构造的绘画，五颜六色的涂鸦让小朋友们不会觉得乏味，在潜移默化中小朋友们慢慢了解到生命发展历程，增强了自我保护的意识。通过游戏互动，孩子们学习到了科学健康的生理知识，学会了如何保护自己，而课堂也从一开始的鸦雀无声甚至是偷偷地嬉笑，到最后大家都积极地举起手争先恐后地回答问题。

通过游戏互动，孩子们学习到了科学健康的生理知识，提升了自己对性别和身体的认知，朱慧伶还告诉孩子们要学会保护自己，保护自己的隐私部位，学会正确面对自己的身体变化，筑起自己健康成长的安全堡垒，做到自尊、自重、自护、自爱，顺利地蜕变，快乐地成长。

性教育是关乎儿童一生健康和幸福的教育。儿童从探索自己身体开始，探索这个世界；从接受自己身体开始，接受这个世界；从热爱自己身体开始，热爱这个世界。让所有的关注汇聚成温暖的光，凝结成爱的网，让所有的孩子都共沐阳光。这一年，朱慧伶的儿童性教育课堂实现了全镇中小学幼儿园一万多名学生的全覆盖，上至高中阶段，下至幼儿园阶段，越来越多的孩子知道了"小朱姐姐"。

爱心书屋，承载梦想

"小朱姐姐，你这里有对我有好处的书吗？爸爸妈妈都外出务工了，爷爷奶奶也没时间带我去买。"

"小朱姐姐，我可以借你的书看吗？我家人只给我看语文数学英语书，他们说课外书没有用。"

孩子们的提问让朱慧伶陷入了沉思，她知道孩子们渴望知识的灌溉，渴望看到外面的世界，但由于农村相对落后的教育观念，有的家长只允许孩子读学业相关的书，不给孩子读课外书。在与孩子们的相处中，朱慧伶发现每一个农村的孩子都有着他们各自的潜能，但却没有得到发现或重视。朱慧伶在驻校的村小争取到一节社工课，每周她都骑着她的二手小电动车到村小 10 个班级开展一节社工课。她努力在课堂上帮助孩子们了解更多的知识，她带孩子们了解国家的历史、法律，给他们讲生命教育、情绪管理、校园欺凌、网络安全等知识，给他们开展团体辅导、

做乡村孩子的"小朱姐姐"——山区计划志愿者朱慧伶的故事

合作训练等活动。社工课堂开展了 100 多节课,服务了 5000 多人次,越来越多的乡村孩子从社工课堂了解到了课本以外的知识,他们寻找到自己的兴趣所在,对未来的生活逐渐有了目标。

朱慧伶和孩子们一起画画

其实山区的孩子比其他孩子更需要精神上的关爱和养分,当她看到孩子们期盼和无助的眼神,看到他们对山那边世界的渴望,朱慧伶脑海中顿时有了筹建爱心书屋的想法,她希望书籍能够成为孩子们一生的好朋友,能够给予他们知识和力量。

打开许久未开放的村小的图书室,只有一个大书架,书籍陈旧到已经发黄褪色。教育部规定,小学图书室的人均藏书量为 25 本。但村小的图书室却远远低于此标准,适龄图书人均不足 5 本。朱慧伶主动和校方交流沟通重建图书馆事宜,得到学校支持后,她随即利用新媒体运营的特长撰写文章在网络上进行图书筹集,利用自身积累的公益资源链接公益组织帮扶村小图书室。

之后,她每天都会收到寄来的书籍,可是快递只能送到镇子的快递站上,她必须一趟又一趟地骑着电动车,越过泥泞的山路,到镇上把沉重的书籍搬回来。这些书籍快递少则一两件，多则七八件，一趟不行就走两趟，这样的日子，她重复了两个月。她利用下班时间，为此做宣传、做策划、做后勤，一个不起眼的山区计划志愿者的努力最终获得了各界爱心人士的关注。文章的社会关注量达5万多，转发量1000多。几个爱心企业和公益组织也与朱慧伶取得了联系。最终朱慧伶共帮助镇上8个村小图书室筹集到图书上万本、体育用品文具500多件。图书馆里有了书，但还需要把它运营活化起来。于是，她又寻求熟识的图书馆前辈的帮助，学习完善图书馆制度，建立图书室的学生志愿服务队伍，让图书室得以顺利运行。受到朱慧伶的影响，积极报名当志愿者的同学们非常多，他们都说想要像"小朱姐姐"一样帮助别人。

在同学们的共同努力下，大家期盼的图书室终于重新开馆了。她把爱心人士写的信打印出来送给孩子们，希望他们能好好利用图书室的图书，心中常怀感恩。孩子们现在能在图书室里借阅到合适的图书，在操场上、在课室里常常能看到他们捧着书本乐不思蜀的样子。同学们对朱慧伶说："小朱姐姐，谢谢你帮学校募集了这么多图书，我们一定会好好学习，报效祖国的。"他们常常与朱慧伶分享在书里看到的故事，表达他们的感恩与喜悦，朱慧伶的心里欣慰极了。

一所受助的村小校长发来孩子们读书的图片并说："孩子们看到这些赠书，个个欢声雀跃的，只是很少面对镜头，不善表达，再次代表孩子们谢谢你和爱心人士的帮助。面对艰苦的环境，你们并没有袖手旁观，仍满怀希望地撒播芬芳的种子，你们的赠书打开了孩子们打量世界的窗户，增长了孩子们的见识，更重要的是你们这种无私奉献、身体力行做公益的暖心举动温润着农村孩子干涩的童年。热心公益、助人为乐的种子必定会扎根孩子们的心田，破壳而出，茁壮成长。"

朱慧伶说："每个人都是一本书，与他人互动的过程，就是读懂每一个人的过程，也是增长人生阅历的过程。"通过做志愿者，体会他人的经历，了解他人的故事，理解他人的不易，她感受到了自己本无法体验到的多种人生，也正是在这个过程中，她不断地修正着自己对自己、对他人和社会的认识，始终心怀感恩。

如今，学校的孩子们已经拥有了1700多本图书，且图书室不定期开展阅读活动,让孩子们学会主动阅读书籍。朱慧伶还把资源链接给新一届的志愿者团队,让他们继续为孩子们收集"爱心书"。"小朱姐姐"为孩子们带来知识和爱心,孩子们也为"小朱姐姐"送来温暖与祝福。

用爱引领,生命影响生命

乡村振兴是习近平总书记2017年10月18日在党的十九大报告中提出的战略,要实现乡村振兴,离不开全国人民的共同参与,乡村需要被看到。

朱慧伶的服务经历跨越了脱贫攻坚与乡村振兴的交汇期,她看到了祖国乡村的变化,而作为一名中共党员,她以自身基层服务经历传播志愿精神,模范引领社会风尚。在服务期间,她把驻校社工日常拍成视频,利用自己的新媒体运营优势在社交平台上进行分享和传播,获得了大量网友的关注。

在朱慧伶的努力下,她的志愿服务社会关注量达到数十万,越来越多的人因为她的影响了解到中国乡村的发展、乡村儿童的现状,了解到青年志愿者的责任与担当。

一年的时间在与孩子们的欢声笑语中不知不觉就过去了,在离开北界镇之际,朱慧伶让孩子们给她填写了"同学录"。

"小朱姐姐,等我长大了,我也要像你一样做山区计划志愿者。"

"小朱姐姐,谢谢你对我们的帮助。"

"小朱姐姐,我一定会努力学习,长大后也像你一样帮助其他人。"

……

看到同学们一页页稚嫩的字迹,朱慧伶的泪水止不住地在眼里打转。那一刻朱慧伶似乎明白了社会工作专业常常说的"用生命影响生命"这句话的深刻含义。朱慧伶说:"作为志愿服务中的主体,青年在能力上有很大优势,青年要勇于担当,要将个人发展与社会需要结合起来,要为社会去做力所能及的贡献。我们要成为什么样的人,这个社会需要什么样的人，这个社会需要什么样的青年，是需要青年自己去发问、去实践的，而志愿服务就是一个很好的塑造青年的方式。"

　　生命是一幅美丽的画卷，我们生命里的每一个人都是一位画者。在朱慧伶这段宝贵的经历中，她如温暖的阳光拂走孩子们心里的尘土，照亮他们内心所有害怕的角落，帮他们找到温暖和力量。那些陪伴孩子们一起大笑、倾听他们烦恼的时光是如此的温暖与快乐，这是一段值得被记住的经历，也是一段值得回忆的经历。

　　服务期结束后，朱慧伶回到学校继续攻读硕士研究生，与此同时，她也不断奔走在线上线下的志愿分享会当中，她以自己的亲身经历影响更多的人投身志愿、扎根基层。她说："要实现共同富裕的伟大目标，就必须实现乡村振兴。参加山区计划这一年，我把自己所学所获带回了乡村，奉献给基层，问心无愧，无怨无悔。我们常说：有一种生活，你没有经历过就不知道其中的艰辛；有一种艰辛，你没有体会过就不知道其中的快乐；有一种快乐，你没有拥有过就不知道其中的纯粹。希望更多年轻人响应祖国号召，回乡村看看，到基层看看，体会那一种生活、那一抹纯粹。坚持与祖国同行、为人民奉献的每个人，也一定都能书写自己别样精彩的人生。在其中成长历练的每一分钟，都一定不会后悔和遗憾。"

　　朱慧伶不仅对内向山区注入热情与活力，还将山区故事通过各媒体平台对外输出，让更多的人能够知道，原来在中国的山区里，有这么一批社工，有这么一群青年，他们洋溢着青春的激情，在希望的田野上，做着不平凡的事，他们坚守初心，勇于尝试，积极参与志愿活动，感受乡村新气象，发展青年真才干，以青春之名，奔赴山海，无问东西。

他从山乡走来，又回到山乡去
——乡村振兴志愿者石家敏[1]的故事

"用一年不长的时间，做一件终生难忘的事！"

这是大学生志愿服务西部（山区）计划志愿者招募横幅上的宣传标语。

在毕业季的一个夜晚，石家敏走在灯光昏暗的校道上，他还沉浸在毕业后该何去何从的迷茫中。当他漫无目的地看着路两边挂着的横幅，其中有这么一句话"冲"进他的眼睛里，更在他的脑海里生根了："我要去西部（山区）！"

这一刻，石家敏决定选用一个"间隔年"去全身心地做自己想做的事情——为山区的留守儿童做志愿服务。

这个选择看似突然，却也在冥冥中注定了。石家敏是一名从大山走出来的留守儿童，是知识改变了他的命运，让他从山里走了出来。儿时的经历，让他知道留守儿童内心是多么渴望得到关爱与帮助的。大学期间"三下乡"的支教经历，让他知道其实在经济发展得较好的广东，粤西山区依然还有和他一样的留守儿童。他迫切希望能用自己的知识去帮助留守在山区里的孩子，用自己的经历去鼓励他们，给他们点亮一盏梦想的灯。

---

[1] 石家敏，乡村振兴驻镇帮扶工作队队员，志愿服务时数4289小时，积极参与基层社会治理志愿服务和乡村振兴工作，曾获首届"全国乡村振兴青年先锋"荣誉称号。

为了美丽乡村——记乡村振兴青年志愿者

能留在基层，方明白什么是基层

初到遂溪县遂城镇分界小学，由于还在暑假期间，孩子们还没上学，他就先被安排在镇政府办公，跟着镇干部进村，做着一些琐碎的事。没有什么朋友，每天还要被安排做一些政府部门的工作，一个小小的县城不用一天就能逛下来，休息的时候连个消遣娱乐的地方都没有。内陆来的他吃惯重口味的菜，但是在这里饮食都是清淡的，让他感到很不适应。不仅如此，由于听不懂当地方言，石家敏甚至无法和孩子们交流，"刚开始我分不清楚他们说的'1'和'2'，闹了不少笑话"。

枯燥的工作内容、闷热的天气、极不习惯的饮食让他时常在怀疑自己是否选错了，每每到这个时候，他都问问自己当初为何而来。

让他扎根基层的机缘还得从这里的留守儿童说起，当地有一所小学，留守儿童较多，每年开学前镇政府都会和一些爱心组织为这所学校举行捐资助学活动。一个不到两百人的学校有着近百名留守儿童！第一次面对面地见到这么多的留守儿童，他被深深触动了，孩子们的眼神太熟悉了，充满了那种对陌生人的好奇和对外面世界的渴望。他甚至在他们眼中再一次看到了小时候的自己。上一次有这种感觉是在大学期间"三下乡"社会实践的时候。那种对陌生人的好奇和对外面世界的渴望，在他到来那一刻就不断地从这群孩子眼中"流出"。

"我要留下来为这群孩子提供力所能及的关爱和帮助！让他们像我那样，通过知识改变自己的命运，走出山区，看看外面的世界！"

为了扎根基层，他随身带个小本在身上，记下他们的发音，再回去请教同事，功夫不负有心人，石家敏后来回忆道："同事都笑着说，我已经算半个本地人了。"

为了能真正地帮助留守儿童，他专门找村委会干部和校长了解为什么有这么多留守儿童，他还跟随着村委会干部入户，发现能看到的年轻人确实是少之又少，这一代年轻人真正愿意回到农村，愿意去认识农村

他从山乡走来,又回到山乡去——乡村振兴志愿者石家敏的故事

的人越来越少了,类似的情况还有很多。很多的人需要被帮助,需要被关爱。这在他心里种下了种子,他决定要以小学为中心点,尽己所能地为这群孩子提供关爱和帮助。

一纸家书,传递真情

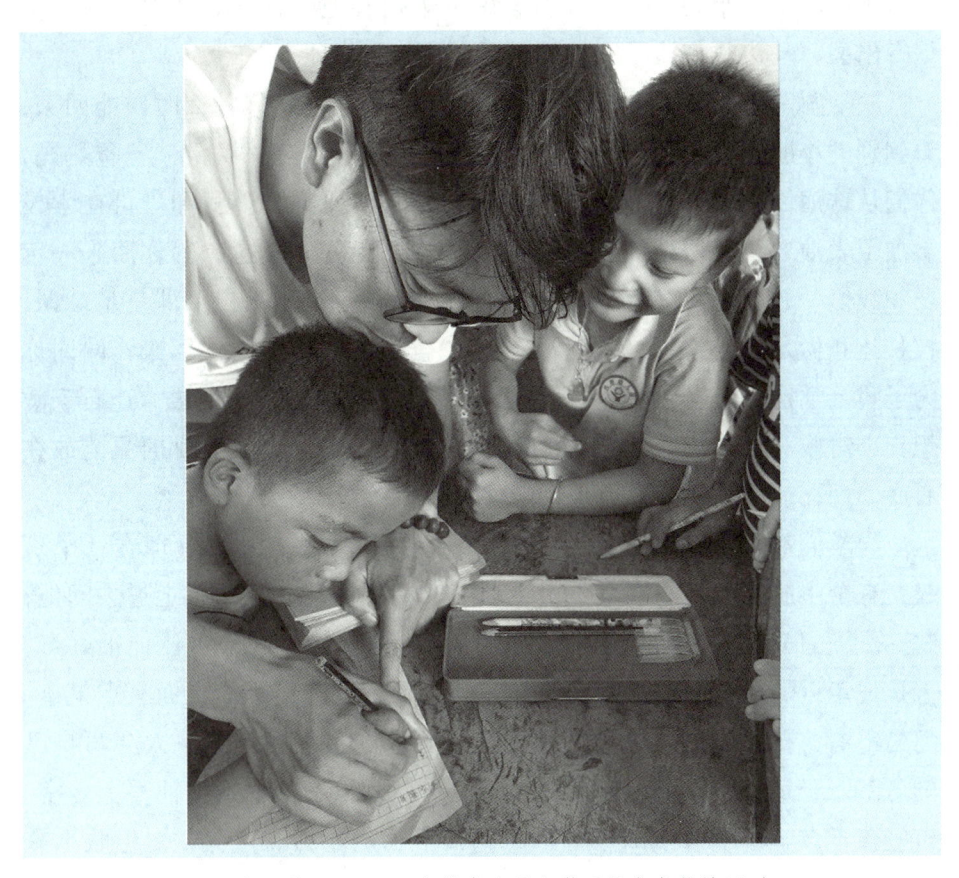

2018年9月18日,石家敏在分界小学开展家书传情活动,教小朋友写书信给自己在外工作的父母

面对一群陌生的小朋友,取得他们的信任并不是一件容易的事。恰逢中秋节将至,如何让孩子们打开心扉,石家敏想到了让他们给父母写信。

107

为了美丽乡村——记乡村振兴青年志愿者

开学后不久就将迎来中秋节,为了抓住这个特殊时间节点,他特地提前策划了一场主题为"家书传情,欢乐中秋"的活动。

拿着准备好的信封信纸走进教室,分发到每个小朋友手中。石家敏在黑板上写下"家书传情,欢乐中秋"。他认真地给孩子们讲解书信的格式和活动的目的,让他们把想对父母说的话写在信纸上。如果是留守儿童,会把信件寄到他们的父母手中。

"他们能收到我的信吗?""爸爸妈妈会回来看我们吗?"一开始,许多孩子抱着半信半疑的态度。石家敏一边耐心地给孩子解释他会负责把信寄出去,一边收集孩子家长的联系方式与工作地点。

"爸爸妈妈,我也想和你们一起过节。""爸爸,你什么时候能回家,看到别的小朋友穿上新球鞋了,希望过年我也可以有一双。""爸爸妈妈,你们从珠海回来吧,哥哥天天想你,我也是,回来吧。我和哥哥在学校参加了表演,我上课很认真,你们明天回来吧。""爸爸,等你回来一定要和我们一起去东海岛玩,我在学校每个星期三下午第二节课是足球课,校长让我做足球小组长,我真开心!""爸爸,你什么时候回来?谢谢你为了我上学这么辛苦。"……一个个稚嫩的字迹、淳朴的话语,让石家敏想到小时候"懂事"的自己。"我读小学时也有这些想法,那时只能放在心底,现在能帮他们传达给他们的父母了。"

同学们都很认真地在自己的小信纸上写上一些心里话,但在一个班级,有个小朋友一直趴在桌子上不动笔,也不说话,石家敏走过去问他:"怎么不写信呀?"小朋友摇摇头说:"没有想说的话。"这让他很好奇,于是他走近那个小朋友并靠在他身旁,看了看他的信纸,上面有点笔迹,但是不清。石家敏经过细心询问得知,原来这个小朋友是不太会写自己的名字,于是就跟他进一步交流,问他叫什么,手把手地教他写上名字。有些孩子在学业上有点跟不上进度,文字表达能力有点欠缺。但收上来的信件却让石家敏深深触动了,在那歪歪扭扭的几行字里,寄托着他们对父母的想念,寄托着他们那一个个小小的梦想。这一切让石家敏对把信件寄出去这件事更上心了,他写了一封《致家长的一封信》打印出来,把自己的联通系方式印在上面,和他们的信件放在一起寄给那些常年在外务工的家长。信中向家长们介绍这个项目活动的目的,提醒家长们可以通过微信或者电话联系他。

　　经过一周的努力，他终于把几十封信件一一填上对应的地址寄出了，虽然抱着试一试的态度，并没有想过会有多大的回响，但是让他惊喜的是，几乎每个收到信件的家长都第一时间联系他，有的是加微信，有的是通过短信联系他，对他说谢谢，表示自己收到信了，谢谢志愿者们。在他把信件寄出后的一个晚上，一个陌生电话突然打进来，他迅速接通后，听到一个中年男性有点激动和哽咽的声音在电话那头一个劲地说："谢谢你！谢谢你！谢谢你们，这是我这么多年第一次看到自己小孩画的画和写的字，谢谢你们。"他也一下子不知说什么了，简单回应了几句不用客气后就挂断电话，这让他的心情久久不能平复。他只是做了一件微小的事，但是对这群孩子和他们的家长来说却显得那么重要，家长特地打电话来感谢他这个素未谋面的人，电话里反复说着"谢谢"，让他更加坚定自己的选择是对的。中秋节，他在镇政府的赞助下，联系了几个月饼供应商，特地从中挑选了一款卡通盒装的月饼，同团镇委的干部以及镇领导一同到学校陪孩子吃月饼，跟他们一起度过一个欢乐的中秋节，为孩子们送上月饼和父母对他们的祝福。借助一纸家书，拉近孩子们和父母之间的距离；借助一盒小小的月饼，让孩子们感受到家的温暖。

粤西山乡有个"知心哥哥"

　　每天走进校门就会有一大群孩子围着他喊"石头哥哥"，不知道什么时候起这个称呼就在学校传开了。也许是在中秋节家书活动上，他帮孩子们把对父母的思念和祝福寄出去开始的；也许是在"幸福家园"的活动室里给孩子们举办"集体生日会"活动时，孩子们第一次体会一起吃蛋糕的快乐开始的。

　　中秋节家书活动后，为了跟孩子们更进一步增进感情，他在10月策划了一个"集体生日会"活动，在学校"幸福家园"的活动室为几十个孩子一起举办"集体生日会"。有些孩子可能因为父母常年在外工作，过

> 为了美丽乡村——记乡村振兴青年志愿者

生日的时候甚至连蛋糕都没吃过,他们做了一个大大的蛋糕,邀请了镇里一些年轻的干部来一起参加,跟着这些大哥哥、大姐姐们一起过生日,这群孩子们脸上乐得笑开花,也让孩子们对他的好感更进一步了。就这样,他和这群孩子们成功地建立了朋友关系,他们都亲切地叫他"石头哥哥",并且把他介绍给了全校的小朋友们。石家敏用心用爱举办的一次次活动,为孩子们的心里注入了一束阳光,让孩子们越来越喜欢他。孩子们对他的称呼从"石老师"变成"石头哥哥"也是自然而然了。

  后来,他还策划了分界小学趣味运动会,活跃了整个校园气氛,也激起了孩子们的运动热情。游园灯谜会、植树节种友谊林等一系列缤纷多彩的活动也在分界小学展开,"石头哥哥"开始变得全校皆知。石家敏感慨道:"这些在大城市看起来寻常的校园活动,在这个乡村小学很多都是第一次。他们第一次知道了跑100米是多少秒,跳一下能跳多远,我恍然意识到自己做的事情对于孩子们的触动和改变。"在接受南方日报社记者采访的时候,作为广东省大学生志愿服务山区计划基层社会治理专项服务志愿者,石家敏这样描述他对志愿服务的情愫:"以前听西部计划的志愿者交流,说做志愿者会上瘾,我还不信,没想到真是如此,不知不觉一干就是三年。"

2019年6月25日,石家敏在分界小学开展暑期安全自护教育课堂

分界小学叶碧涛校长在趣味运动会结束那天对"石头哥哥"说:"你知道他们为什么笑得这么开心么?因为他们从来不知道原来自己跑得快还能拿奖状,以前他们都是因为学习不好被各种批评,今天他们也能站上领奖台,你说他们能不开心么?石头,你很棒,你可能为国家未来培养了一个运动员。"石家敏或许从没想过这么多吧,但是他确确实实做到了。

2020年石家敏在分界小学开办"知心课堂",每周一和周五下午放学后的课余时间,把全校各个年级的学困生集中在"幸福家园"的活动室,为他们提供课业辅导和心理疏导,针对每个学生制订帮扶计划。对一些比较调皮的孩子,通过自我控制训练,帮助他们学会自我控制,把心放到学习上,重新找回学习的乐趣。对那些比较自闭的学生,通过一次次的家访从根源上了解他们自闭的原因。

有一次,石家敏进行家访时,有位家长的态度让他十分无奈。"在那位家长的观念里,目前他最重要的事情是盖房子,至于孩子读书的事情并不重要,只要孩子肯去学校就行,如果不去也没关系,可以索性跟着自己去打工。"石家敏和这位家长一遍遍地解释他孩子目前存在这种状况很大原因在他这里,希望家长认识到学习知识对孩子未来的重要性,希望家长能够对孩子更上心。在课余时间,石家敏还带他们参加各类兴趣拓展活动,鼓励他们敞开心扉,大胆融入校园生活。在团市委的帮助下,他为学校创建了"知心小屋",由于经费有限,他带着团队的伙伴和教师志愿者一起动手刷墙,设计"知心小屋"的装饰和摆设。经过一番努力,"知心小屋"顺利搭建起来,配备了心理访谈室、宣泄室、阅读室等等,门口还设立了"知心信箱"供孩子们吐露心声,放飞梦想。

十八般武艺全能的志愿者

"两位交警大队骑警指引,40多名返乡大学生志愿者参与,我们环绕整个县城一路开展禁毒骑行宣传,当时沿路不少人都对我们竖起了大拇

为了美丽乡村——记乡村振兴青年志愿者

指。"回忆起组织的全县首个禁毒普法宣传骑行活动,石家敏记忆犹新,"当时活动方案就改了四五个版本,跑了几个单位报备。"

他说:"记得第一次拿着方案去介绍项目争取赞助的时候,单位领导提出很多疑问都是我们没有考虑到的。"在石家敏看来,这段志愿者经历对于个体而言,是一个全方位的锻炼,而且可以大胆试错。只要你有好的方案和创意,看着它逐渐完善,落地实现,是一件很有成就感的事。

2019年11月28日,石家敏在岭南师范学院基础教育学院开展禁毒宣讲志愿者培训

如何让禁毒普法教育更广泛地开展,石家敏想到了联合当地青年志愿者的力量。没有资金,没有交通工具,一开始进展很艰难。

主动迈出第一步很重要。他尝试联系了岭南师范学院基础教育学院遂溪校区志愿者联合会,得到了大学生的积极响应,制作课件、集体补课,团队逐渐成长壮大起来,组建起遂溪县第一支青年大学生禁毒宣传志愿服务队,也吸引来了更多社会集体的关注和参与。在2021年6月26日国际禁毒日活动期间,他组织的禁毒普法宣传骑行活动被遂溪县禁毒委推广借鉴,由禁毒委牵头在全县范围内组织开展了一次几百人参与的大型禁毒普法宣传骑行活动,再次获得好评。

石家敏回忆起开展进校园宣传活动时说:"我们把仿真毒品道具带进

课堂，让孩子们近距离地了解毒品样貌和危害，让他们不再那么好奇，从而提升主动掌握防范要领的自我保护能力。"从一开始在几所小学宣讲，到进入36所小学宣讲；从一开始只在遂城镇范围内宣讲，到全县几个镇开展；从三五个人的宣讲团，到后来几十个年轻人的大型宣讲团，校园禁毒宣传获得越来越多人的响应。

2019年的夏天，"七彩假期，情暖童心"乡村小学夏令营走进分界小学，这群孩子们第一次在自己的学校参加夏令营，他们的暑期不再那么枯燥乏味了。夏令营人手不够，石家敏就招募了一批当地的返乡大学生志愿者一起协助开展暑期夏令营活动，小小军训课堂、爱党爱国示范课堂、卫生健康示范课堂、安全自护示范课堂、快乐阅读示范课堂、科技实践示范课堂、节能环保示范课堂，在这个暑期让孩子们一一体验了一遍。原本孩子们的暑期大部分就是在村里自娱自乐，一来存在较多的安全风险，二来也会让这些孩子们的心在开学后不能及时地回到学习中。夏令营很好地解决了这些问题，孩子们的暑期也变得更加有意义。在夏令营结营的时候，叶校长对他说："石头啊，明年这个夏令营你还要办起来哈！"第二年，七彩假期夏令营再次开营的时候，报名参加的学生更多了，有些家长甚至把在其他学校读书的孩子都接回村里来参加夏令营。

"石头哥哥，你会经常回来看我们么？""石头哥哥下学期还来带我们上体育课么？"即将结束服务期时，石家敏在为分界小学建立开设的"知心信箱"中，收到了许多孩子的纸条，一瞬间百感交集。

"我一直觉得一个人的力量是有限的，但却真切地让这些孩子们重塑心灵，开启了一扇对未来认知的窗，他们也照亮了我前进的方向。我想，这段经历应该是彼此都闪着光的。"石家敏笑着说。

常怀赤子之心，做一件纯粹的事

从关爱留守儿童，拓展到禁毒普法教育，再到"一校一社工"专项等；从一项项划掉任务清单上的项目，到项目不够，自己主动找活儿做，石家敏不断地拓展着自己的志愿服务维度,两次获评山区计划优秀志愿者。"用一年不长的时间,做一件终生难忘的事。"这是大学生志愿服务西部(山区)计划的口号,也是石家敏身体力行的最大体会。

"我一直想利用大学毕业后的间隔年做点不一样的事,正好山区计划给了我这个机会。在志愿服务的这三年,有过辛酸的时候,但更多的是成长和快乐。"他回想时自述。

刚到遂溪县的时候,一到晚上,四下都很安静,石家敏感到很不适应。有在深夜独处时,想着大学同学都在大城市拿着丰厚的月薪回报父母,而自己还只能拿着一点补贴窝在这个小县城就忍不住想流泪的时候;也有在夜晚爬上天台,独自看月光看星星思索未来的时候。每到这些时候,他就把思绪拉回到和孩子们相处的点点滴滴回忆里,他相信自己没有选择错。

第一年服务期结束之前团省委会结合志愿者的年度考核情况,再征求志愿者意愿,询问是否选择继续参与志愿服务项目,当时的他并没有多想,毅然选择续签志愿服务协议,继续留在山区。石家敏说,以前听往期的志愿者分享会时说做志愿会上"瘾",他还不太相信,直到经历了这一年,才发觉真是这样。这一年实在太快,他知道他放心不下那群孩子,他爱上志愿服务这个事业了。作为广东省大学生志愿服务西部(山区)计划(以下简称"西部(山区)计划")基层治理专项宣讲员的他和西藏专项以及新疆专项的宣讲员一起组成的西部(山区)计划志愿者招募宣讲团,跟着团省委项目办在广州各个高校开展宣讲的时候,他一遍一遍地讲述那一年服务期间的感受,他也把做志愿会上"瘾"讲给那些即将毕业又有意愿志愿服务西部(山区)计划的大学生们听。他说:"在与服务祖国各地的志愿者同行们交流时,我从他们身上了解到远在祖国边疆地区也有那么一群可爱的人在践行志愿者精神,这次宣讲也让我结识了一群多才多艺的来自祖国各地的优秀志愿者朋友。""在《习近平的七年知青岁月》一书中习近平总书记说过,陕北七年是他一生最宝贵的财富。我想这三年也会是我这一生不可多得的宝贵财富。"石家敏感慨道。

在来到这里之前,他也没想到自己能坚持到第三年。接触到留守儿童的方方面面,接触到最基层的社会状态,接触到乡村振兴最前线,也让他对脚下这片土地产生了更深刻的链接和理解。

石家敏说："我从山乡走出来，又回到了山乡，从个人层面来说，是乡村养育了我们，当我们有能力回馈的时候，理应为发展和建设乡村出一份力。"

回首来时路，最初时常感到孤独，现在他已经学会了与孤独为伴。享受独处时光，可以好好思考当下，规划未来。

他为自己的这段经历感到自豪，他知道他并不是一个人在战斗。现在，每年开始招募新一年度的西部（山区）计划志愿者的时候，他都会把相关政策转发给师弟师妹和身边的朋友，希望有更多的人知道这群志愿者们正在做的事情，将这份事业接续下去。

踏上新征程，再起航

大学期间，石家敏积极地加入校学生会，从一个宣传部的干事到部门负责人，大大小小的活动参与和策划了几十场。大三期间加入高校创业孵化园，担任创业基地的管理人员，接触大学生创业群体。大四期间担任班长，协助学校做好班级同学毕业期间的各项工作。毕业典礼上，他被选为优秀毕业生代表上台接受校领导拨穗……大学四年的诸多经历，为他积攒了丰富的社会经验，也为他毕业后能够在基层坚持下来奠定了基础。

这也是他为什么能在粤西山区义务服务三年的原因。三年里石家敏经常对孩子们说自己成长的经历，说自己怎样从大山里面走出来。他总是鼓励他们要努力学习，考到镇里面的高中，考到更大城市去读大学。因为"石头哥哥"，留守在山区里的孩子们知道了他们的人生可以有更多的可能，他们也可以像"石头哥哥"那样用知识改变自己的命运，甚至用知识帮助别人。

"石头啊，赶紧去考个教师编吧，学校的办公桌给你留着。"

"石头哥哥，你什么时候回来？我可以去城市里找你吗？"

为了美丽乡村——记乡村振兴青年志愿者

听着校长和孩子们的话语,石家敏内心是感动的。他知道他这几年的付出没有白费,他给孩子们带去了一点点的改变。他想继续扎根基层,扎根乡村,为振兴乡村贡献自己的一份力量。

幸运是会眷顾有准备之人的,在第三年服务期即将结束之时,石家敏考上了遂溪县的公务员编。他即将开启新职业生涯的地方还是这个小县城,只不过从此他的身份发生了改变,他从一名专职志愿者转变为一名公务员。2021年,经过团省委的推荐,他获评首届"全国乡村振兴青年先锋"。他经历了脱贫攻坚收官之年,也见证着乡村振兴的开局之年。离开了西部(山区)计划项目,他踏上了新的工作岗位。2021年9月,他积极响应单位号召,接受单位的乡村振兴驻镇帮镇扶村工作的派驻任务,成为驻镇帮镇扶村工作队的一员。从一名县直机关的公务员,他再一次回到基层第一线,参与乡村振兴的建设工作。石家敏自己调侃道:"我终于从一个助力乡村振兴的'业余选手'成长为乡村振兴的'国家队'队员了。"

在获得首届"全国乡村振兴青年先锋"称号后,石家敏常常告诫自己:"这不是我一个人的荣誉,是广大的社会群众对青年志愿者群体的认可和肯定,是广大青年志愿者共同努力取得的成果,我只是他们当中的普通一员。"他谦虚地表示,要不骄不躁,再接再厉,时刻保持积极向上的心态,带动更多的人支持和共同参与乡村振兴实践。

石家敏说:"要实现共同富裕,乡村振兴是必经之路。乡村振兴是新时代农村发展的新方向新目标,是实现共同富裕的必然选择、内在要求和有效路径。从社会层面来说,乡村是我们社会不可缺少的重要部分,要想社会进步,就离不开乡村振兴。从个人层面来说,是乡村养育了我们,当我们有能力回馈的时候,应当为发展和建设乡村出一份力。"

正如石家敏所说的那样,作为新时代的青年,我们应该把擅长的技能带回乡村,把科学进步的思想意识传播到乡村,不仅要在行动上支持,更要在心底认可乡村振兴的重要性,真正愿意为之去努力做工作,给广大青年树立良好榜样。

扎根基层的"排头兵"
——从化区人民法院法警孙金光①的故事

"爱党爱军、开拓奋进、艰苦创业、无私奉献",这是被人们所熟知的沂蒙精神,而孙金光以自身为画笔,以从化区为绘本,以人民群众为色彩,向大家描绘了沂蒙精神的核心思想。

"80后"的孙金光出生于红色革命老区——临沂市,在这里,"红嫂精神""小推车精神""六姐妹精神"是一篇篇动人故事,自孙金光的幼年起,沂蒙精神便在他的心里牢牢地扎了根。"小时候不知道有什么途径可以践行这些精神",同大部分人一样,孙金光满腔热血却不知施往何处,便直截了当地去参军了,退伍后他转业安置到从化法院,在这里,他找到了践行与弘扬沂蒙精神的载体——基层。

尽管日常的工作十分繁忙,但孙金光工作之余仍积极投身志愿服务,从化的邻居街坊们都与他很熟悉,大家亲切地称呼他为"光哥"。

儿时受人恩惠,长大成为"雷锋"

孙金光家中兄弟姊妹多,家境并不好。据他回忆,小时候家里粮食

---

① 孙金光,广州市从化区人民法院法警,从化区青年志愿者协会会长,志愿服务时数5740小时,工作之余积极投入乡村振兴志愿服务,曾荣获"第十二届中国青年志愿者优秀个人"、2019年第四季度"广东好人"、第七届"广东志愿服务金奖"、2017年"广东省五星志愿者"、第七届"广州市道德模范"、2021年度"广州市学雷锋最美志愿者"等荣誉。

为了美丽乡村——记乡村振兴青年志愿者

不够吃,初中才能吃上小麦加玉米的煎饼,逢年过节才可以吃到纯面馒头和面条,就连读书的学费也是邻居们东拼西凑一点点挤出来的。

"他们知道我很听话,读书也不错,还叮嘱我好好读书。"孙金光眼里泛着光,继续讲道,"儿时农忙,家家需要收麦、晒谷、打谷。打谷是一个大工程,当时村里只有一户人家有打麦机,邻居之间有一片很大的麦场,人工打麦的速度很慢,有打麦机的那户人家自愿让大家来打麦。于是到了打麦的日子,全村人便会聚集到打麦场帮忙,打完你家的麦子打我家的。他们并不会因为自己的麦子打完而不来帮忙。"当地淳朴的民风熏陶着孙金光,周边芳邻的善举让他意识到行善不需要高调,也可以是生活中的点点滴滴,一些普普通通的事。

"我读书的时候,班上总会流传关于雷锋的故事,我们听到后都很向往、崇敬,也希望自己以后能像雷锋一样为大家奉献自我。"说这段话时,孙金光眼里依旧流露出无限的崇拜。他从小学开始就立志向雷锋同志学习,把为人民服务作为自己的人生信条和理念。他很感激身边像"雷锋"一样的邻居好友,也想成为像"雷锋"一样的人。

2008年,孙金光在工作之余正式加入从化有组织的志愿者队伍,开始在乡村基层从事志愿者服务。从化处于广州最远、最北的山区一带,生活设施与制度尚未完善,市民生活不太便利。基于此,他萌生出打造一支为辖区群众提供专业化、制度化、技能化的志愿服务队伍的想法。

2018年12月1日,道德模范孙金光在城郊街西和村参加
走访慰问困难群众志愿服务活动

扎根基层的"排头兵"——从化区人民法院法警孙金光的故事

2012年3月，孙金光牵头创立了从化区首支法律专业志愿服务队伍——从化法律志愿服务队（现更名为："扬善美"普法志愿服务队），他作为"扬善美"普法志愿服务队的队长，一直致力于法制宣传志愿服务活动。2020年9月，从化法院挂牌成立广东省首个新时代文明实践所，孙金光作为青年志愿者骨干，他立足辖区，结合司法职能优势，开展精准普法宣传，积极投身实践所的建设。

问及孙金光为何组建志愿服务队，他说道："我很喜欢看《感动中国》，每次看我都心里特别感触，有时候会忍不住流泪。我也说不清是一种怎么样的感觉，但是看到他们感人的事迹我会很佩服、很崇拜，眼泪就不受控制地往下流了。"或许是联想到了小时候的生活，孙金光眼眶微红，"他们都在无私奉献，所以我心里也一直很渴望以后能有机会去做这样的事。2012年我有幸迈出了第一步，接着后面的事都是自然而然地就做下去了……"

一晃14年过去了，曾经的想法如今都变成了现实，他的志愿事迹也早已传遍从化，而他的志愿服务仍在继续。

拯救失足少年，改过奔赴明天

夜晚11点，灯光点点，街上早已没有了白天的热闹，很安静。孙金光结束一天的工作后，正准备入睡。

"铃铃铃……"突然响起的电话铃声打破了安静的夜。

"我是不是没救了？每次一犯错，身边的人都会骂我，我也很想改正，但是我不知道为什么有时候就是忍不住去联系以前的朋友，想和他们一起去玩。每次我爸看到我这样，就是会骂我，我有时候也觉得自己好像真的是没救了……"电话那头传来了小豪迷茫与无措的声音。

尽管已经夜深，但接到小豪的电话，孙金光仍利落地起身，在电话中对他进行开导，抓了件衣服便出门去寻找小豪。

孙金光与小豪的相识源于一起机动车盗窃案件。

为了美丽乡村——记乡村振兴青年志愿者

小豪因伙同社会青年轮番盗窃机动车被从化区公安局逮捕。因其犯罪时未满十八周岁，归案后如实供述自己的罪行，积极赔偿被害人并取得被害人谅解，从化区检察院对其予以附条件不起诉处理，设立7个月考察期。孙金光作为机构负责人向检察院办案人员了解情况，签署转介协议后，和社工一起提供帮扶服务。

孙金光还记得初见小豪时，小豪仰着头，痞痞地，"我喜欢看电影，特别是黑社会的刀光剑影，觉得很酷。青春不闯荡一下，不放肆一下，就是白活了"，稚幼而天真。

小豪自幼父母离异，一直由爸爸抚养。但小豪父子间沟通少、关系疏离。原生家庭爱的缺失让小豪自初二起就无心上课，最终辍学、到处打零工。

小豪父亲对小豪的行为感到很生气，一开始不停地责骂他，但却令小豪更反感，甚至结识了一群社会上的闲散青少年。多次阻挠无用后，小豪父亲失去了希望，最终选择放弃管教，放任小豪自由发展。

缺少正确的认知与有效的管束，小豪生活变得更加"随性"。在不良朋辈的怂恿下，他企图通过非法途径赚快钱，于是经常团伙作恶盗窃、打架斗殴……小豪觉得那是最自由的日子，却不曾想半只脚已经走在犯罪的道路上。

小豪与孙金光的故事从此拉开了序幕。

此次事件便是小豪难以忍受父亲那难听的责骂，一气之下离家出走。孙金光知道小豪内心敏感、逆反心理激烈，但正确认知的形成需要一个漫长的过程。虽然小豪在考察的7个月里经常犯错，但更需要大家鼓励、宽慰与引导他。

找到小豪后，他不断地安抚小豪，等到小豪情绪稳定，天已泛着鱼肚白了。小豪也不好意思地挠了挠头，说："谢谢你，光哥。"

此时，一晚没睡的孙金光已经很疲惫了，但他知道这事还没结束。小豪所犯的错很大一部分源于原生家庭。如果小豪父亲依旧保持以前的不管不顾或者随意打骂孩子的习惯，那这7个月的努力可能在帮扶结束后很快失效。所以在每次帮扶的时候，他总会与小豪父亲不断地沟通，讲述其经历的一些案例，让小豪父亲明白合理的沟通才是家庭和谐的桥梁。

此次，也不例外。送小豪到家后，孙金光找到小豪父亲，反映小豪的情况并不停地叮嘱说话的方式。

一次又一次的沟通,背后隐藏了太多努力和付出。孙金光及其团队在7个月的帮扶中不断地协同法院、爱心企业等多方力量共同给予小豪温暖、关怀并在此过程中循序渐进地重塑小豪的不良认知行为。

与此同时,小豪父亲看到大家的付出与小豪的改变后也渐渐放下了成见,积极地听取团队给出的专业建议,与小豪多加沟通,增强小豪对家庭的依恋。

正因为孙金光的耐心陪伴与不懈努力,经过7个月的个案服务,小豪已顺利度过监察期,检察院不做起诉。后续小豪表现良好,父子间的沟通相比以前已经好了很多。在众多正能量的影响下,小豪慢慢形成正确的认知,不再和不良朋辈交往,选择了脚踏实地跟随父亲一起工作和生活。

值得一提的是,往日的"失足少年"小豪经过改造后不仅带着希望奔赴明天,还自愿加入了志愿服务团队,帮助更多的人。现在周末休息时,参加志愿者活动已经成了小豪的生活日常。

"我当时觉得7个月的帮扶只是他们的任务,并不会说真正地愿意花时间在我们身上。"最初小豪和父亲一致认为孙金光的帮扶,只是一场"作秀"与任务,十分抗拒志愿者们的帮助。然而切身体会后才知道,"现在我明白做志愿服务时拍照只是为了记录这一美好的瞬间,我做的事情不管拍不拍照都是有意义的"。原来当初的孙警官被误解得这么深,小豪决心也要做像孙警官一样的"同行者"。

类似小豪的例子不胜枚举。这些年来,孙金光为帮助那些走上歧途的孩子不因犯罪而悲观失望、断送前程,带领团队承接预防青少年违法犯罪项目(简称"青年地带"),对涉罪青少年进行教育、感化,帮扶附条件不起诉对象57例,帮扶服刑人员子女42例,帮扶问题少年128例,力求挽救每一个失足少年,守护从化区下一代的健康成长。

追根溯源探寻,瞥见心底火花

"你为什么对'青少年'问题这么关注?"孙金光跟进了大部分青

为了美丽乡村——记乡村振兴青年志愿者

少年案件，周围的人对他都赞不绝口，称其对孩子很上心。"这里面有没有什么原因？"追根溯源，他对这些孩子"执着"似乎也早已命中注定。

孙金光约谈附条件不起诉青少年

"其实我也不知道是不是这个原因，但是这件事确实对我触动很大。"孙金光思考了很久，有点感慨，把故事向我们娓娓道来。

那是几年前的一个工作日。孙金光突然收到一封来自监狱的信，写信的女子与他素不相识，但他还是认真地看了这封信。内容令他大吃一惊。

"小丽（化名）在监狱里想不开了，我赶紧找到主审法官，联系问清楚。"孙金光拿着信封，迫切地请求同事们的帮忙。

经过大家的不懈努力，最终找到了案件主审的李法官，了解到案件尚未开庭，小丽不能与外界有接触。综合考虑各方情况并取得李法官同意后，孙金光给小丽回了一封信。

"不管你曾经犯过什么罪，这都不妨碍你成为一个好妈妈。母爱是伟大的，当你对这个世界充满绝望时，如你所说'一想到我那3岁的孩子，我就放心不下'，既然你放不下孩子，那你最应该做的就是开庭的时候如实陈述，争取减轻罪行，并在狱中好好表现，争取早日出狱。只有这样，你才有更多的时间陪伴你的孩子。相信我，曾经并不重要，重要的是以后。不管别人怎么说，只要你好好陪伴女儿，教导她是非黑白，你依然是她心中最好的妈妈。"

扎根基层的"排头兵"——从化区人民法院法警孙金光的故事

在信里,孙金光以孩子为支撑理念,不断鼓励小丽,打消她轻生的念头,肯定小丽作为一个母亲的责任,让她积极承担所犯错误,并说孩子不会憎恨她,只希望与她早日团聚。

隔了几日,孙金光收到了小丽的回信。她说,她很想念孩子,希望孙金光能代替自己与家人联络,转述自己的悔过和歉意。

其实小丽写过很多封信,但认真回信的只有孙金光一个。

孙金光却没有迟疑,说出了自己的想法:"我觉得她既然能找到我,不管她以前做过什么,她想不开这件事是真的还是假的,我都愿意听,愿意回复。在我看来,既然她能想到联系我,那在她心里我能给她一种生活的力量,所以我会尽自己最大的努力,能拉一把就拉一把,能鼓励一下就鼓励一下。更何况她的孩子还那么小,如果她真的因此离去了,那对她孩子伤害多大。我们接触了太多犯罪的青少年,大部分都是由于原生家庭爱的缺失,所以我实在不想看到本可以阻止的悲剧发生。更重要的一点,我帮她还能帮到她的孩子。如果我们对孩子都不重视,那以后我们身边是不是还会重演很多现在的悲剧?所以,这件事我会一直帮下去。"这种想法正是当代社会所缺少的,也许我们一时顺手的动作,却可能挽救了别人的一生。

最终,孙金光按照小丽提供的信息找到了她的家人,并上门拜访。他转达了小丽的歉意以及对孩子的思念,并让小丽家人抽空把孩子近期的照片洗出来寄过去,鼓励小丽。

临走前,孙金光拍了拍小丽孩子的肩膀,坚定地告诉她"你有一个好妈妈"。

虽然三岁的小孩子还不能理解这句话的含义,但孙金光对青少年的关注与"执着",我们仿佛已经找到了缘由。而他心中的这团热火,也被更多的人看见……

小丽的事件以及亲身经历的个案帮扶让孙金光意识到乡风文明应从孩子抓起,志愿者们不仅要以爱传爱,挽救迷途的青少年,还应该把工作做在前头,用志愿力量做好预防未成年人犯罪工作,为孩子们的幸福人生保驾护航。

此后,孙金光把更多精力放在未成年人保护工作中,在工作之余,常态化带领志愿团队深入校园、村居、集市、企业等地方全面开展青少年的普法教育工作。

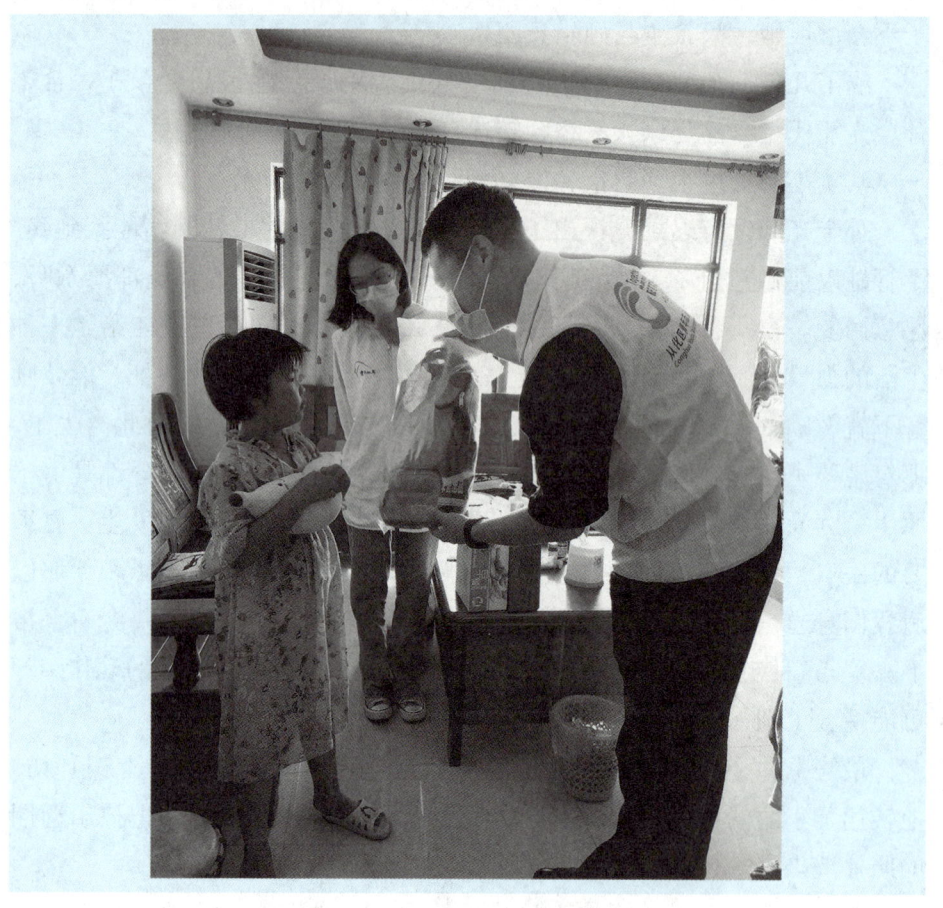

孙金光和志愿者探访小丽的女儿

带领志愿团队，爱心薪火相传

除了普法教育，孙金光还长期深入乡村组织开展志愿服务。"80后"的他已有逾14年的志愿服务经历，他在志愿系统上累计的志愿服务时长5000多小时，但他实际的志愿服务时长已超过8000小时——这个纪录，在从化区登记在册的7.36万名的志愿者中，迄今仍屈指可数。

扎根基层的"排头兵"——从化区人民法院法警孙金光的故事

在乡村组织志愿服务活动开展过程中，村里许多闲散无事的小孩都受到感染，从最初的围观，到后面积极参与，心灵与精神的成长都在助人中得到升华。小希、小望两兄弟就是其中的代表。

小希、小望两兄弟住在鳌头镇偏远的乡村，学习成绩一直名列前茅，但自从五年前爸爸犯罪入狱，妈妈离婚并断绝关系以来，村里一直传来无数冷言嘲讽。

"你看，那两兄弟没爸没妈，而且爸爸还在监狱里，以后他们不知道会不会也和爸爸一样咯……"

大家背后的议论给两兄弟造成巨大的精神压力。因为父母都不在，家里只剩年迈的爷爷奶奶——他们面对村里人的议论也很心酸，更不知道如何开导两个孙子。没多久后，两兄弟性情大变，变得敏感抑郁，不仅不再认真学习，还在生活上对自我放任不管。

孙金光在一次乡村普法宣传中得知两兄弟遭遇，初见两兄弟，孙金光再次看到了熟悉的眼神：陌生、怀疑、疏离与不信任。

眼神交汇的时候，好像有什么重物猛然撞到了孙金光的心上，明明这两兄弟才10岁不到。

孙金光深刻地感受到乡里议论与爱的缺失带给两兄弟的伤害，他脑海中又浮现出小豪的身影。"不行，这两个孩子值得有更好的未来！"他心里暗暗地想着，最终决定要对两兄弟进行一对一帮扶，带他们走出精神的阴霾。

从那以后每年的重要节日，孙金光都会和志愿者一起带着礼物拜访兄弟俩。

一开始兄弟俩对孙金光的热情与温暖感到很不适应，孙金光也只好先去爷爷那了解两兄弟的情况。他很快找到了兄弟俩敏感的源头——村里的议论。因此，针对村里的议论，孙金光还专门带领团队走访每家，希望大家一起给予两兄弟爱与温暖。

在志愿团队的努力下，村里人渐渐减少了对小希和小望的议论，见到他们也会主动打招呼，也不再像从前一样阻止自己的孩子和他们玩。

小希和小望也在大家的关心中慢慢恢复往日的天真，他们不再抗拒与外人交流，每当孙金光他们来到家里也会主动端茶倒水，和他们交流

125

自己近期的情况。就这样，孙金光成为兄弟俩的"知心大哥哥"，他们也亲切地称他为"光叔叔"。

"光叔叔是我们精神上的依靠，每次看到光叔叔来，我感觉周围都温暖起来了。"小希、小望说这句话时，脸上充满了阳光般的微笑。

除夕夜是一家人团聚的好日子，但爸爸入狱、妈妈改嫁后，两兄弟这么多年只能和爷爷奶奶一起过节。孙金光知道两兄弟内心渴望自己家能像别人家一样热热闹闹，于是他自发地来到他们家和他们一起贴春联、做年夜饭。

"金光，大过年的你还来我们这，我们真的好感动。谢谢你们，孩子看到你也好高兴。真的太谢谢你们了。"小希、小望的爷爷握着孙金光的手，止不住地说感谢。

"大爷，您就别见外了。我心里也想念两个孩子呢，我最近也询问了学校老师，都夸两个孩子表现很好，并且学习成绩也很不错。我很骄傲能认识他们！"

如果不是知道孙金光是志愿者，或许大家都以为他是小希、小望的父亲。

吃完年夜饭后，孙金光准备回家，但这时两兄弟冲出家门抱着孙金光哭。

"光哥，谢谢你。如果不是你，我们可能永远都不知道被人关心是什么感觉。如果不是你，我们今年也只能继续和爷爷奶奶一起过年了。光哥，今年之后你还会继续来看我们吗？"

两兄弟的话天真无邪，也让孙金光再次看到他们心里的敏感与小心翼翼，他再次深刻体会到孩子对爱的渴望。于是他蹲下来，抱着两个孩子，轻抚两个孩子的头，说道："傻孩子，我对你们的帮扶会一直到你们成年之后才结束的。我以后有空也会多来看你们，到时候我带上我的女儿来和你们一起玩好不好？"

两兄弟擦干眼泪，点点头回应。看到两个懂事的孩子，孙金光眼前涌现出与他们的相处点滴，也忍不住哭了起来。

在孙金光的积极影响下，两兄弟逐渐变得开朗，他们的成绩也慢慢恢复到之前的水平。值得一提的是，两兄弟还在爷爷的监护下加入了"i志愿"系统，成为一名志愿者。他们直言道："做志愿让我们从不敢面对别人到如今的乐于助人，我们才发现原来自己的行为是可以赢得周围人的尊重的。我们会跟着光哥一起把这份爱心传递给更多的人!"

除了平日对两兄弟的关心与爱护,如何缓解孩子对父亲的思念也成为孙金光最为牵挂的事。

因两兄弟的父亲所在的监狱在韶关,爷爷奶奶年纪大了需要照顾,再加上新冠疫情,两兄弟没有办法前往监狱探视,但他们对父亲的思念是很明显的。基于此,孙金光积极联系韶关市司法局,希望可以通过线上视频的形式让孩子进行探视。这项工作并非易事,其间涉及了太多工作机关以及审批流程,但他从未放弃过。

小希与小望的故事只是孙金光众多乡村志愿活动中的一个剪影。多年来,孙金光带领志愿团队,投身乡村开展普法宣传100多场次、发放宣传单5300余份、开展法制教育课50多堂,实实在在为培育文明乡风、良好家风、淳朴民风贡献点滴力量。

随着志愿服务的持续开展,村民生活风气好转,赌博、打架斗殴等不良风气几乎绝迹,更带动了无数村民加入志愿队伍,团队人数5年间从24563增加到36769,增长了近50%。

2016年3月,孙金光被推选为从化区青年志愿者协会的新一届会长。从志愿驿站站长变成区级志愿者协会负责人让他在兴奋之余倍感责任重大,为了能给从化区志愿服务工作添光加彩,他几乎把工作以外的所有时间都用到了协会的建设上。

孙金光带头来的7年辛劳付出,收获也是满满的:从化区青年志愿者协会打造了"同在阳光下——关爱服刑人员未成年子女""朝阳快乐营""优秀读书郎"等品牌项目,获得了广东志愿服务集体铜奖、广州市3A级社会组织、"四个一批"最佳志愿服务组织、广州第六届飞扬奖团队类银奖等荣誉。

每当提到孙金光,协会里每一位志愿者都会点头露出笑容,对他表示由衷的认可。作为志愿团队中的一份子,他们将与他一起共建良好团队,把爱心薪火相传……

为了美丽乡村——记乡村振兴青年志愿者

勇于担当使命，同心携手战"疫"

有一种勇敢叫"疫"往无前，有一种安心叫"蓝衣为甲"，有一种坚守叫"和你在一起"。

孙金光是从化法院积极投身新冠疫情防控一线的典型代表。疫情期间他主动担当作为、放弃休假，积极投身疫情防控一线。

"作为一名共产党员，在这个特殊时期，应该发挥先锋模范作用，带头到一线工作为疫情防控做贡献。我抗'疫'，我光荣。"这是孙金光的心里话，也是众多奋战在疫情一线工作人员的共同心声。

日常因工作原因，孙金光无法照顾陪伴女儿和家人，因此他格外珍惜春节过年这为数不多的阖家团圆的日子。

2020年的除夕夜，孙金光刚刚回到山东老家。此时，广东省启动重大突发公共卫生事件一级响应，得知消息的他再也坐不住了。他毅然决定放弃休假，大年初三就带着歉意拜别亲人，驱车1600多公里赶回到从化，投入到疫情防控工作中去。

在14天的隔离观察期里，孙金光没闲着。身为从化区青年志愿者协会会长的他积极组织青年志愿者在线上开展防疫防控工作；及时根据官方新闻对虚假信息进行辟谣；鼓励群众对哄抬口罩物价情况进行举报；通过线上多个新媒体平台做好宣传工作；在各志愿者工作群发布有关通知，开展新型冠状病毒防控系列宣传及指引……

隔离期一结束，孙金光就再也闲不住了，他主动请缨参与疫情防控一线工作，带领防疫志愿服务队深入城乡接合处——旺城西社区协助开展抗"疫"志愿服务工作。他们冲锋在一线，逐梯逐户"扫楼"，成为当地的最美"逆行者"。

对于自己的"逆行者"身份，孙金光是这样看待的：关键时刻要能冲得上去，危难关头豁得出来，才是党员的真正本色。

2022年，从化再次暴发疫情。突如其来的疫情打破了原本宁静安详的气氛，从化城郊旺城社区作为辖区重点区域，第一时间实行了封闭管理。

孙金光作为区青年志愿者协会的负责人主动联系社区，积极组织志愿者参与管控区外围的物资配送和人文关怀志愿服务工作。

"你们都辛苦了，最后一班值守请让我来吧。你们早点回家休息。"

叮嘱完轮守的志愿者早点回家休息后，孙金光就站上志愿岗位继续工作了，即使他刚刚从法院下班⋯⋯

时间一分一秒地流逝着，这时已是晚上10点，志愿者一天的轮守工作终于结束。孙金光默默地收拾好卡点的所有物资，再三检查后才离开。尽管每天他都是值守最后一班，但他未有过任何怨言，这大概是志愿者的本色与底色吧。

疫情期间，从化区青年志愿者协会累计出动79人次。针对重点管控区域，孙金光还安排了志愿者24小时值守热线电话，累计接听政策咨询和心理疏导等56人次。他不仅在白天完成本职工作，还经常抢着在管控区夜晚值守最后一个班次，以实际行动践行一名共产党员的"初心"和"使命"。

结　　语

多年来，孙金光先后荣获第十二届"中国青年志愿者优秀个人奖"、2019年第四季度"广东好人"、2017年"广东省五星志愿者"、第七届"广东志愿服务金奖"、第七届"广州市道德模范"、2019年第四季度"广东好人"、2021年度"广州市学雷锋最美志愿者"、2021年"广州市最美红棉老兵"、2019年"从化区最美慈善人物"、2021年"从化区优秀共产党员"等荣誉称号。2020年5月，孙金光作为青年志愿者代表参与央视《焦点访谈》栏目的拍摄播报。

面对大家的称赞，孙金光永远都是腼腆一笑，谦虚地说："我只是做了一些力所能及的小事，没什么了不起。"

孙金光怀揣着对党和国家的赤诚之心，在乡村振兴的路上一往无前，勇做"排头兵"。

如今，以孙金光为代表的青年志愿者奔走在社会需要的角落，传递正能量、释放光和热。他们为更多的人提供了更优质、专业的志愿服务。以个人行为展现青年志愿风采，助力乡村振兴。

他们的点点微光，让我们的社会充满爱和力量。

平凡的微光照亮前行的方向

——广州广播电视台志愿者谢仁晓[①]的故事

"学习雷锋，好榜样，忠于革命忠于党，爱憎分明不忘本，立场坚定斗志强！2022 年是雷锋牺牲 60 周年，'雷锋'这个响亮的名字，是几代人的共同回忆。他用 22 岁的年轻生命，诠释着信念、无私、奉献与爱。虽然 60 年过去了，但是，穿越时空的雷锋精神，历久弥新；半个多世纪前的青春誓言，永不过时！"

从小就是唱着《学习雷锋好榜样》这首歌谣长大的谢仁晓，在他的心中也早早就埋下了"善"的种子。但是做志愿真正的缘分，还是源于他的爷爷，是爷爷的精神从小就深刻地影响了他。

对于淳朴的客家人来说，"亲善仁厚"的传统是深入骨髓的。宁静的乡村哺育了淳朴的客家人，地处偏远山区却磨砺了客家人自力更生、团结互助的精神。客家人热爱集体，热心公益。打谢仁晓记事起，在村头村尾、小学、中学、祠堂等的捐建功德墙上，都能看到谢仁晓爷爷的名字——谢其祥。可以说谢仁晓的爷爷一辈子都奉献在铺桥修路、捐资建学校、修祠堂的事情上。

但是谢仁晓小的时候，在家境一般，家里兄弟姐妹众多，生活开销都不小的状况下，他对爷爷到处"大手大脚捐钱"的行为，多少是有些不解的。

谢仁晓曾睁着大眼睛，一脸天真地跑到爷爷跟前问为什么要这样做。爷爷语重心长地说："傻孩子，做善事是一件'积德'做功德的事情！"

儿时的谢仁晓并不懂什么叫"积德"，但是每每看到村里的乡亲在功

[①] 谢仁晓，广州电视台志愿服务队队员，参与志愿服务 17 年，致力于乡村留守儿童、老人帮扶，凝聚社会力量，推动公益项目发展，助力乡村振兴。

为了美丽乡村——记乡村振兴青年志愿者

德碑前称赞爷爷，总有一股自豪感从他心中流出。

志愿初体验

第一次做志愿的体验，还要回溯到1998年。那一年，在县城读高中的谢仁晓与班上十几个同学相约一起做件好事——给自己村里新建的学校种树。

他们一起拿出省下的零花钱在县城买了20棵荫香树。那个春天，他们冒着绵绵细雨骑了十多公里的自行车回到横坑村，亲手把树种在三友联合中学的门口。

静静流淌的横坑河畔，种下了日后为学弟学妹遮阴的一排"公益树"，也在谢仁晓心中种下了像爷爷那样热心公益、志愿服务的小苗……

后来，谢仁晓通过努力考上了中国传媒大学，走出了乡村。毕业后他选择回到广东，进入了广州广播电视台工作。很快，他加入了广州电视台志愿服务队（以下简称"广视志愿队"），经常参与电视台团委组织的各种公益活动，随着队伍的脚步，深入社区学校，走到困难群众身边。

在这里，谢仁晓看到了志愿服务对象的笑脸、生活改善、观念改变……

广视志愿者慰问贫困户

平凡的微光照亮前行的方向——广州广播电视台志愿者谢仁晓的故事

有一次，广视志愿队来到了广州市启聪学校（原广州市聋人学校），与孩子们一起互动联欢。谢仁晓自告奋勇上台为孩子们表演陈氏太极拳。6分钟的表演，孩子们看得格外认真。

那一刻，谢仁晓清楚地意识到：每一个孩子内心都有对世界的渴望。他们的身体或许有缺陷，但是内心的需求却跟我们一样。找到合适的方向，引导他们往前走，他们的生活也许就会大不同。

广视志愿队不仅进社区，也把服务对象带出更广阔的世界。

谢仁晓还记得，有一年广视志愿队联系了增城的一家马场，带着几个患有唐氏综合征的孩子以下称为"唐宝宝"体验骑马活动。

尽管志愿队的出发点很好，但唐宝宝们的家长却喜忧参半——喜的是难得看到孩子如此灿烂的笑容；忧的是以唐宝宝的行动能力是否真的能跨上马，是否安全。

"马、马……"看到马儿，唐宝宝们纷纷露出了笑脸，兴奋地叫着。他们用力伸出双手扑腾着想靠近，跃跃欲试又带着些许畏惧。

"相信我们，让孩子试试吧。"志愿者的声音温暖又有力，安抚了家长们焦躁的内心。

为了确保唐宝宝们的安全，志愿者们迅速三个人组成一个队，一个队负责照顾一个唐宝宝。志愿者们蹲下来，笑眯眯地看着唐宝宝，然后伸出温暖的大手。

"宝宝，我们跟着这些哥哥姐姐们去骑马，好不好？"家长们也蹲下来轻抚孩子。待孩子点头后，他们把孩子的手从自己手中交到志愿者手中。

志愿者们把唐宝宝们牵到马边，配合着让唐宝宝顺利上马。第一个志愿者蹲在马旁边用身子做"上马石"，第二个志愿者扶着唐宝宝上马鞍，第三个志愿者帮唐宝宝在马鞍上摆正身子。上马后，一个志愿者站在马前面牵着缰绳，剩余两个志愿者分别站在马的两边充当唐宝宝的"左右护法"。

骑马场不大，但它却承载了唐宝宝与家长们不敢想象、从未拥有的欢乐。

临别时，有的家长握住志愿者的手，泪眼婆娑。

"谢谢你们给宝宝们创造了一个我们从不敢尝试的机会。"

133

谢仁晓从这件事中重新思考爷爷当初的坚持与自己志愿服务的初心。想了很久，他心中突然冒出一句话：让人间有爱，让世界更温暖。

或许这句话在很多人眼里是一句空话，因为它太大了，大到不知道从何处做起。但你可以想象，当一个人全心全意为别人做一件事，为此克服种种困难的这个过程，会让受助者看到生活的另一种美好——爱。

广发英雄帖

2008年，广视志愿队的服务延展到了乡村，志愿者们来到电视台对口帮扶的贫困村，分组行动完成村民的心愿。

这一次，广视志愿队联合安利公司志愿服务队，分了3个小组互相比拼，一组完成村里自来水表更换，一组更新村里学生的桌椅，一组为村里安装篮球架。

青年的志愿热情是无穷的，完成志愿服务的形式总能让人耳目一新。在这次的志愿服务中，志愿者们不仅为村民、贫困学生带去了实惠，同时也在这个过程中提高了队员对志愿服务的认同感。

志愿服务贫困村作为电视台的服务项目一直都在持续开展着，谢仁晓总是积极参与活动。每次，他行走在乡间，目睹贫困家庭的窘况，总会想起自己的家乡——虽然它并不富裕，但村里的人都在用自己的力量去改善，让彼此的生活更美好。

"我还想为乡村做更多事情。"谢仁晓如实地告知电视台的领导们，并等待着机会。

2011年3月，机会出现了。

谢仁晓受广州广播电视台委派，来到从化市鳌头镇西山村开展为期两年的对口扶贫工作。发展村集体经济、帮助贫困户脱贫、改善人居环境，要做的事情很多很多。他深知一个人的服务力量是微弱的，只有更多的人参与进来才能有更大的力量改变乡村的落后状况。

因此当他作为志愿者代表出席保利花园志愿服务队年会上台发言时，

平凡的微光照亮前行的方向——广州广播电视台志愿者谢仁晓的故事

他突然想到了广发"英雄帖"。

"金庸先生在他的武侠小说中提过'侠之大者,为国为民'。相信在座的各位志愿者代表听到这句话都会感觉热血沸腾,因为我们所做的志愿服务,就是'为国为民'。我很快要奔赴广州的北部山区开展扶贫工作了,那里有很多乡亲们需要帮助,我和我所在的单位一定会全力以赴。但是我想,我们可以有更多的力量参与进来,把志愿服务做起来。今天我在这里,向大家发出'英雄帖',如果您和您的志愿服务队伍愿意,请加入我们的行列,一起来,为村民做更多的实事、好事!"

谢仁晓后来回忆起广发"英雄帖"的讲话,自己也感到很震惊,他也不明白当初怎么突然就想在台上说这番话,他只感觉那时的自己头顶有"光"——不是他自己多厉害,而是感觉到所做的事情必将意义非凡。

结果如他所愿,"振臂一呼,应者如云"。

保利花园志愿服务队、安利志愿服务队、麦田计划等队伍和各路热心人士纷纷应约而至。

绿杨晓寒,乍暖还寒。

那一年的倒春寒来得猛烈。下车伊始,在西山村的调查走访中,谢仁晓发现不少贫困户缺乏应季的服装,有些孤寡老人的被子不够暖和。

他发出了"英雄帖"。很快,保利花园志愿服务队的几车物资就送进了西山村,并一一派发给有需要的人。

其实,当时的志愿队队长麦姨刚刚接受完乳腺癌的治疗,但看到谢仁晓发出的消息,还是带领队员连夜敲开了左邻右舍的大门。在短短两天内组织队内志愿者们开展募捐衣物、采购被子等志愿活动,并在物资到齐后亲自"护送"进村。

春寒料峭,绵绵的细雨打湿了正在入户派发物资的志愿者脸庞,但暖流却在志愿者和村民心中荡漾,久久不能消散……

派送完物资后,麦姨来到谢仁晓身边,拍着他的肩膀,深情地说:"我知道你驻村辛苦,但凡有需要,马上开口。我们保利花园志愿服务队一定全力撑你!"

麦姨和她身后的志愿队及热心人士,给了谢仁晓莫大的支持和鼓励。

麦姨的去世,给了谢仁晓很大的触动。这是怎样的一份为民服务的初心，促使麦姨明知道自己的身体状况不好，仍对志愿服务这么上心！而我们又有什么理由，不投入更大的热情、付出更大的努力，把扶贫工作做好呢?!

谢仁晓深知教育对孩子改变命运的重要性，因此——要扶贫必先扶智。

但彼时的西山村，文化设施不全，也没有什么文体活动。尽管村里有一间"乡村书屋"，但早已名存实亡——图书残旧、书屋常年没人管理。

为了丰富村民特别是孩子们的课外生活，谢仁晓决定让书屋重新"活"起来。他一方面整修书屋，另一方面再次发出了"英雄帖"。

保利花园志愿服务队、麦田计划等社会组织和不少朋友纷纷在第一时间响应，筹集善款购置书柜、书籍，也发动社区居民捐助二手书籍。

在大家的努力下，"乡村书屋"很快就开放了。为了最大化地用好书屋的资源，谢仁晓还组建了乡村小读者志愿服务队。

"小朋友们，今天我把你们叫到这里，是因为我要交给你们一个神圣又重要的任务，请问你们准备好接任务了吗？"谢仁晓认真又有点故作夸张的样子逗笑了在场的孩子们，孩子们纷纷点头，认真地听安排。

谢仁晓根据孩子们的报名名单安排了值班表，负责每周末的"乡村书屋"开放与值守。

有了固定的值班表后，孩子们都知道每周什么时候可以到书屋看书、借书。慢慢地，阅读成为他们的一种习惯。

"我很感谢仁晓哥哥的安排，如果不是他，我可能还是那个上课会捣蛋的学生，根本就不能静下心来看书、上课。"红联社的小英感慨道。

虽然谢仁晓的扶贫工作时间只有两年，但这么多年来，他从未停止过"乡村书屋"的建设。扶贫工作结束后，他又陆续引入书和远方志愿服务队等力量持续更新图书并开展文化服务。据统计，这些年来的募捐图书总数超过8000册。

平凡的微光照亮前行的方向——广州广播电视台志愿者谢仁晓的故事

帮人帮到底

2022年的一天，已是晚上十一点了，谢仁晓完成工作后准备关灯休息，一个熟悉的电话号码拨打进来。

谢仁晓接通电话，耳边传来西山村李叔熟悉的声音："喂！谢记者吗？我有好消息告诉你啊！我的大女儿已经开始实习了，她这周末回来还给我买了礼物。我真是太开心了，多谢你一直以来的帮助，有空一定要回来村里走走，我们都很想你。"

其实，谢仁晓与李叔一家的结缘开始于2011年的扶贫工作。

对于谢仁晓而言，帮助李叔只是工作之一，但在这个过程中，很多情感早已深入对方的心中……

扶贫期间，李叔已年近六十，但他的两个女儿仍在读小学。妻子身患疾病，早早便离世了，上了年纪的他既要独自赡养九十多岁的老母亲，还要抚养女儿们读书。

文化水平低，没有一技之长，无劳动力人口多，李叔一家作为村中的贫困户，政府和扶贫单位给予大量的关注与帮助。安居房、低保金保证了李叔一家吃住不愁。谢仁晓思考起来：还能为这个家庭做些什么呢？很快，谢仁晓便对接了志愿者，结对资助李叔的两个女儿学习。这种引入志愿者一对一、手拉手结对帮扶的模式，从李叔家做起，后来拓展到全村十几个孩子，有些孩子的资助延续了将近十年。在谢仁晓定义中，这种结对资助，不仅仅是金钱的赠予，更重要的是人情的关怀、希望的培育。

因从小的生活环境比较贫苦，李叔的两个孩子能接触到的东西并不多，所以她们性格稍微胆怯。因此，谢仁晓在组织村里活动的时候多次安排在李叔家进行。后来，越来越多人了解到这个家庭的情况并伸出援手，而两个孩子也在这个过程中结交了更多的朋友，变得越来越活泼开朗。

生活在慢慢变好。

为了美丽乡村——记乡村振兴青年志愿者

2016，回到了原单位上班的谢仁晓，突然接到西山村干部电话："谢记者，不好了，李叔因为交通意外受了重伤，现在被送进了从化区医院的ICU病房！"

当时，各种问题一下子就涌进了谢仁晓的脑子里：李叔家境困难，医药费怎么承担？李叔的两个女儿，一个读小学一个读初中，学校离医院路途又远，谁能照顾李叔？

思来想去，谢仁晓最终还是决定发"英雄帖"。

很快，除了政府部门给出相应的救助政策外，广州城区的一批志愿朋友对李叔进行了善款筹集捐助。与此同时，"开心妈"等一群从化当地的志愿者积极响应，主动安排人手来到医院照顾李叔。

不是家人胜似家人。

谢仁晓再一次感受到志愿者们的善心与热心。但他也明白，李叔的病并不是一时半会的事，因此他还在继续帮助李叔筹集善款，同时做好志愿服务的排班安排。

照顾李叔的志愿者每天一共两个班次，每个班次中都有两人对李叔进行看护服务。也许是大家的善心感动了上天，李叔在接受完治疗后居然奇迹般地恢复了健康。

出院回到村子后，李叔也积极地进行康复训练。现在已经能够像正常人一样行动了，但回想起自己曾在"鬼门关"走的一圈，他由衷地感谢志愿者的帮扶，对于谢仁晓也更信任、更依赖了。

李叔常常会把自己生活上的一些事情，分享给谢仁晓：什么时候养一批鸡长大啦，什么时候果子成熟了，小女儿学习成绩取得进步了，大女儿实习了……

谢仁晓总是耐心倾听，也把自己的建议告诉李叔。对于李叔两个孩子的学习和实习，谢仁晓也在积极地争取社会资源、给予支持，努力地让两个孩子走得更远。

曾经在扶贫工作的那两年中，有很长一段时间，谢仁晓放弃了周末返回广州城区休息的机会，选择留在村里安排志愿者开展工作。而他搭建的结队互助捐资助学活动平台，也让很多贫困学生受益。

从2011年起，谢仁晓对接志愿服务队、社会爱心企业、社会热心人

平凡的微光照亮前行的方向——广州广播电视台志愿者谢仁晓的故事

士，持续开展捐资助学活动，每年资助 10～15 名学生不等，每人每年金额为 500～1500 元不等。这种结对互助、城乡互访的形式，消弭了城乡差距，让捐助者和受助者都有所收获。如今不少孩子已经毕业走上工作岗位，有些孩子也当起了志愿者，回馈社会。

这是一件让人欣喜的事，但谢仁晓更明白，这离不开"英雄帖"。"英雄帖"凝聚了社会的关注与爱，让更多的人看到需要帮助的人，然后走过来，帮助他们。

搭建平台，结对助学

心念西山村

2013 年，谢仁晓结束了为期两年的对口西山村扶贫工作，回到了原单位，但是他对西山村的志愿服务却并没有因此而终止。对孩子们的助学资助、对困难家庭孤寡老人逢年过节的慰问一如既往。

经过两年的扶贫工作，他对于志愿服务乡村振兴有了更多的思索。

从化有大量像西山村一样的普通乡村，它不像温泉镇、良口镇那边的乡村有得天独厚的自然禀赋。怎样才能让这些普通的乡村也能迸发活力，吸引更多人前来呢？

也许，设计项目可以触发机会，谢仁晓的周末又开始忙碌起来。

谢仁晓发动西山村村民，整合一块荒废的土地，添置柴火灶、打造体验农田，一个名为"爱上土游"的项目诞生了。他带领村民，为城市的孩子提供辨识野菜、摸泥鳅、插秧、收割稻谷等自然教育项目。

就这样，一块荒废的土地又重新迸发出属于它的生命力了。

春天西山村有了插秧、摸泥鳅、摘野菜的体验；夏天这里有稻田音乐会、收割稻谷、做竹弓箭、忘忧谷徒步的乐趣。

村民们还可以依靠自家果园、菜地来增加收入。

行动不便的骆叔以前总为没有人力摘果而发愁，常常看着自家的龙眼掉落、腐烂。有了"爱上土游"这个项目后，骆叔家的龙眼成熟可以组织客人前来采摘了；清姨后山的杨梅再也不用白白掉落，客人可以直接摘了吃或者摘下来泡杨梅酒储存销售；营地周边种了玉米、番薯的村民们也可以在田地里等着城市的孩子前来采挖；锋哥自己养的蜂蜜，成了深受城市游客喜欢的产品……

"我们的项目，一定是要做到两个连接：一是连接城市人和土地的关系——所以有大量的脱鞋脚踩泥土的体验；二是连接城市人和农村人的关系——所以我们要设计大量的城市人与农村人之间的互动活动。"这是谢仁晓探索的一个目标，也是把志愿服务融入乡村游、自然教育的一种有效探索。

有趣的项目设计、更大平台的搭建吸引了越来越多志愿队的加入，促成西山村成为关爱儿童、团队拓展的基地：他们在田地里拔河、搭建竹棚；在荔枝树下开展古琴讲座、礼乐文化分享，赋予质朴的乡村更多的艺术气息。

乡村也是释放天性的好去处。

谢仁晓带领村民联合赵广军志愿生命热线协会开展特殊家庭的户外心理公益课程，让孩子和家长在劳动中增进亲子关系，在稻田中畅所欲言、梳理心情。他们还组织残障人士家庭的公益出游活动。残障人士行动不便，而且大多数家庭困难，出门旅游一次或许是他们中很多人的一

平凡的微光照亮前行的方向——广州广播电视台志愿者谢仁晓的故事

个愿望。在活动中，志愿者从广州城区出发，分组一对一陪伴，乘坐大巴来到西山村，谢仁晓和村民精心选好体验场地、提供竹筒饭、窑鸡等乡村美食。从未出过远门的残障儿童小易（化名），被志愿者从轮椅上抱起，第一次触摸到长在地里的香蕉树，第一次坐在香蕉树下品尝香蕉，激动得哇哇大叫。

"当小易在香蕉林高兴地哇哇大叫，我知道，这是一个孩子真正应该有的快乐。"

谢仁晓认为乡村有着天然的治愈功能，也天然有着承载公益活动期望的可能。因此，通过乡村志愿服务带动乡村振兴，还有很多方面可以探索。

回单位后，除了对西山村的挂念，他心里还挂念着曾经的帮扶对象。

"我渴望融入世界，世界却拒绝了我。"

一个瘦弱的身影出现在乡村小路上，当镜头拉近到她的脸时，我们看到了躲闪与自卑，以及一闪而过对外界的渴望。

她眼里有光，但非常微弱。

她叫潘大妹。

谢仁晓对初见大妹的那个夜晚印象深刻。因为工作安排要进行逐家的入户调查，那时村里还没有安装路灯，谢仁晓靠着手电筒的微光，走在漆黑的村道上。当他走进大妹家时，映入眼帘的是一间破旧又狭窄的泥砖屋，房子里仅有一盏昏暗的黄灯。但就是这样的环境，住着大妹的一家四口人。

听到门外的动静，大妹知道有人来了，她不知所措，最后选择赶紧跑到灯光照不到的角落，把自己藏起来。或许这样的做法对大妹来说是最安全的，因为这一隅小小的角落只有她自己，没有嘲笑与歧视。

谢仁晓不解地看了看大妹的父母，想了解是怎么回事。

"哎，这事说起来也怪我。其实大妹出生的时候还是正常的，但小时候有一次发烧我们没及时处理，后来就落下了毛病，行动和语言这两方面都有障碍。村里的孩子看到她和别人不一样，就很喜欢嘲笑她，有时候还会用手去推她。后来被欺负得多了，她就对外人很害怕，慢慢地就养成看人就躲的习惯。"说起大妹的事，大妹的爸爸不停地叹气，眼里满是无奈。

谢仁晓看在眼里，急在心里，但他始终相信：上帝关了一扇门，总会打开一扇窗。因此，他对大妹更多了几分关注，努力地寻找她探向世界的那扇窗。

又一次的入户走访，谢仁晓路过大妹家，他发现大妹正躲在角落里，手上拿着笔像是在画画。他憋住气、轻手轻脚地走到大妹的身后。原来，大妹拿了一张破旧的日历纸，在纸背面安静地画着，十分专注。

谢仁晓认真地观察画面的内容，发现大妹画的是眼前乡村的景色。虽然这幅画只是简单的素描，但经过大妹的认真观察与勾勒，一棵有模有样的小树跃然纸上，我们能从中看到一种"生命"的力量。

突然间，谢仁晓明白了，画画也许就是大妹的那扇"窗"。

后来，谢仁晓组织一石美术志愿服务队，入村进行文化艺术帮扶。

很多小朋友兴高采烈地来到教室中，认认真真地听着老师的讲解。谢仁晓也通知了大妹，但她不敢进教室，只敢偷偷地在教室窗户的外面偷看。

谢仁晓在讲台上介绍着支教的老师们，看到了窗外躲闪的大妹。虽然大妹不敢走进教室，但他再次看到她眼里的光，这次比以往都要强烈。于是他停下介绍，向着大妹微笑并招手让她走进教室。

但微笑与招手并没有缓解大妹心中的不安，她再次逃掉了。

谢仁晓突然明白：志愿者的关怀并不是施舍。我们不能用我们觉得好的方式强加在被帮扶者的身上，我们应该走向他们，蹲下来看着他们，了解他们到底需要什么。

大妹从小到大都生活在嘲笑中，让身边的人改变对她的看法并非一时之事，让她克服自己对陌生人的恐惧更是一件难事。或许，她曾经对这个世界满怀憧憬、渴望融入这个五颜六色的世界。但大家长期的漠视与嘲笑，让所有色彩在她眼里渐渐变成了黑白灰的色阶，以至于她的记忆都是黑白的。

"大妹，其实你画画很好，如果有专业的老师指导，一定会画得更好。有没有想过，把画卖出去，挣钱养自己？"谢仁晓那天晚上再一次来到大妹家里，与她沟通。

平凡的微光照亮前行的方向——广州广播电视台志愿者谢仁晓的故事

那一刻，大妹的黑白世界终于有了一道缝隙裂开。一道光照了进来，她的整个世界开始焕发出生机。

大妹点点头，对谢仁晓多了几分信任。

从那晚开始，谢仁晓看到了大妹眼中的光与坚定，她有了对未来的期待。

在谢仁晓的沟通安排下，一石美术志愿服务队创始人谢碧波带领团队与大妹结成了帮扶对子，专门为她进行辅导。大家定期买一些画笔、画纸送给大妹，认真地欣赏她的画作，同时也在思考如何帮助她增强自信。

想了很久，谢仁晓心中冒出了一个想法。最终，在那年暑假把这个想法变成了现实。他以大妹的自然生态画作为主题，特别策划举办了一次乡村艺术画展，并在画展上汇集了乡村艺术交流团小朋友的作品。

虽然大妹从来没有接受过专业培训，身体的原因也让她与常人有所不同，但她的情感从未缺失。因为喜爱画画，大妹比别人更为用心，四处所见之景落到纸上竟鲜活起来了。你看：山上的树林与溪水、小巷中观赏的人群、墙边的藤蔓……

原来，生活中看到的每一帧画面都可以定格为"风景"，只是忙于工作生活的我们忽略了这唾手可得的美好。

画展上，大妹的作品得到了认可。大家一改往日的嘲笑，取而代之的是赞扬与崇拜。

"苔花如米小，也学牡丹开。"虽然有时候有的人很普通与渺小，但谁都不能否定他们心中对生活的追求与渴望。因为，这股力量会让他们乘风破浪，化身为"追光者"。

后来，谢仁晓每年暑假都会举办小艺术家乡村交流团活动。大妹作为特邀嘉宾，总有很多展示作品的机会，她也因此被人们亲切地称为"从化遗珠"。

渐渐地，大妹的画作多了起来，谢仁晓就在"爱上土游"活动中，为她举行"拍卖会"。在城市生活久了的人们总会感觉到些许疲惫，看到自然淳朴的画面，内心往往能找回一些安宁。于是看到大妹的画作，听完她的故事后，人们常常争相购买。

再后来，谢仁晓帮助大妹搭建渠道，让网上更多的人了解到她的故

143

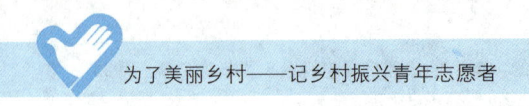

事并有机会购买她的画作。

大妹脸上的笑容渐渐多了起来,她不再被村里人视为家中的负担。因为,她终于通过自己的努力,有了自己的收入。

2016年,谢仁晓对接广州广播电视台摄制组,来到西山村为大妹拍摄宣传片《扶贫点亮新生活》。越来越多的人看到了电视台、一石美术志愿队帮扶大妹走上艺术道路的故事。

或许政府的扶贫、志愿者的帮助对大妹而言像一束光,照亮了她本来昏暗的生活。但对于谢仁晓而言,大妹的自强不息更是一道亮光,它洒向了千家万户,带给无数人百转千回的喜乐和拥抱生活的勇气……

微光亦明亮

十多年来,谢仁晓先后加入广视志愿服务队、保利花园志愿服务队、书和远方志愿服务队,默默地为公益事业奉献自己的一份力量。

2020年,谢仁晓被评为广州市学雷锋志愿服务"四个一批"先进典型。但谢仁晓说,这份荣誉,不是他一个人的,它来自背后很多的志愿者的付出,荣誉属于大家。

或许,生活的重担一度压弯了很多困难家庭的腰,让他们对生活失去盼头,但微光从未消失,注视与爱也从未缺乏。政府的扶贫工作和志愿者的帮扶总能及时地为他们撑起一片天地,让他们与我们共同感受生活的美好。

"前人种树后人乘凉",谢仁晓回想起二十多年前在家乡中学门口种下的树苗,如今已郁郁葱葱。虽然这些学子不一定认识植树的人,但炎炎夏日,正是它们清凉了学子们的上学路。

桃李不言,下自成蹊。志愿服务亦是如此,虽平凡,但深入人心、温暖大众。

对于谢仁晓而言,当一名志愿者延续了客家人对公益的传承,但同时也是让自己与快乐为伴。

平凡的微光照亮前行的方向——广州广播电视台志愿者谢仁晓的故事

习近平总书记的"你们所做的事业会载入史册"这句话，对他来说有沉甸甸的分量，"其实我也不觉得自己很伟大，如果让我来形容自己，我大概会说自己是一束平凡的光吧。虽然这只是束微光，但它一直都在照亮前方，把志愿精神一代代传递下去"。

说这句话时，谢仁晓的目光清澈而坚定。

在未来，必将有更多的人，看到他心中的"光"，然后走过来，汇聚成漫天星河……

为了美丽乡村——记乡村振兴青年志愿者

一颗公益心，一生环保行
——环保公益人熊国柱[①]的故事

择一事，终一生，且乐此不疲，津津乐道，这可能是很多人的理想。熊国柱就是这样的人，他少小立志，选择了将公益作为毕生的事业。

自 1997 年以来，熊国柱投身公益，组织策划了环保公益志愿活动，影响超百万人参与环保行动，成为东莞市乃至广东省的环保公益名人，服务时间近万小时。

对于这份坚持，他说："我只是坚持去做自己力所能及的对社会有帮助的事情。"他也经常对自己说："公益首先在于心，只有你有一颗公益心，你就会时时刻刻去做一些公益的事情，哪怕那是一件小事情；就如同每天要吃饭一样，它已经深入到你的生活。"如今，他躬耕于环保公益 26 年，以一张"蓝图"绘到底的坚定初心，将更多环保种子撒向社会，引领了社会的绿色潮流。

[①] 熊国柱，东莞市环保志愿服务总队队长，为推动市民积极参与环保实践，2006 年开始组建东莞市第一支环保志愿者队伍。26 年如一日，带领志愿者开展环保公益宣传，先后组织保护红树林、河流守望者、保护东江、零废弃等环保公益活动，带动了上百万市民践行环保理念，成为全省的环保公益先锋。曾荣获 2015 年"广东省劳动模范"、全国"2018 最美基层环保人"、2019 年"全国保护母亲河奖"、2010 年"全国优秀志愿者"、"亚运火炬手"等荣誉。

一颗公益心，一生环保行——环保公益人熊国柱的故事

年少立大志，环保为己任

　　20世纪70年代末的东莞还是一个农业小县，空气清新，河水清透到能看见石底。河涌里常常充满孩子们的笑声、打闹声，他们白天游泳、摸鱼捉虾，晚上抬头，便是漫天星光。和大多数"70后"一样，熊国柱的童年是在亲近大自然中度过的。

　　但是美丽的家乡随着他的成长也发生了变化。20世纪90年代末期，熊国柱亲眼看到河涌变黑、空气变浊，当时他意识到生态环境已经不如往昔，保护环境已经刻不容缓了。当时，熊国柱便暗暗立志，要让"母亲河"回归清澈、大气恢复清新。高考时，他毅然报考了环保专业。自此熊国柱就把"'环保梦'就是我的'中国梦'"挂在口边，记在心间了。

熊国柱向小朋友讲解环保知识

147

投身做环保，信念日愈坚

旗峰公园的环保行动是熊国柱的环保起点。作为东莞的城市地标，旗峰公园有大量的游客，清洁卫生是一个"老大难"的问题。当时熊国柱意识到了这个问题，他拉着自己的队友老罗、转玲一起牵头策划了旗峰公园清洁活动。志愿者每月坚持用周日一个上午到旗峰公园清除垃圾，进行环保宣传，用自己的亲身行动去感化游人，呼吁路人一起来参加环保行动，不乱扔垃圾。

这些年，他和小伙伴们一路走来，一路收集被游人丢下的垃圾，一路向人们宣传环保的重要性，唤起人们的环保意识。如今到旗峰公园登山的市民越来越多，山上的垃圾却越来越少，这就是他们活动最大的收获。这样的收获也不断鼓舞着他投身公益事业的决心。

2005年的中秋节，一封求救信引起了熊国柱的关注，常平镇一对父母由于小朋友患重度地中海贫血，向社会发出求救信。熊国柱心想：中秋节过后，很多月饼盒要丢弃，能不能把这部分的资源回收起来，帮助这位小朋友呢？这样的话，不但能回收有用的资源，减少环境污染，让市民重视节约资源，还可以帮助到患病的小朋友。在学习香港、中山等地组织的回收活动后，他们也决定在东莞发起这样的活动。

2005年10月，"同享绿色中秋，共建美好家园"中秋月饼盒回收活动正式开展，他们联合环保部门发起倡议，市民、学生将家中的月饼盒带到活动现场或者指定地点，可以凭月饼盒换取环保铅笔、环保购物袋等小礼品。市民带来的是一个月饼盒，带走的是一件环保礼品，这同时也在他们的脑海里深深刻下"环保大事，人人有责"的思想。第一届活动回收的月饼盒多达14万个，大大超过了组织者回收两万个左右月饼盒的预计。他们把活动筹得的经费全部捐赠给常平镇患地中海贫血的钟子健小朋友作为治病费用。活动当天，钟子健小朋友的妈妈也来到了现场，她紧握着志愿者的手，激动地说："我们来东莞8年了，从来没有参加过这么大型的关爱活动,东莞到处有好人,真的不知道怎么用言语表达自己心中的感激。"

2006年名为"循环体验,绿色生活"的回收活动更是回收超过21万个月饼盒,参与活动的市民超过15万人。2007年的回收活动,志愿者将通过收集的月饼盒在广场上堆砌成一个直径50米的东莞环保标志的多米诺骨牌图案,以此让市民谨记:我们的环境是脆弱的,不能再发生多米诺骨牌效应,如果环境受到破坏,将给我们的社会带来一系列的多米诺骨牌般的恶果。通过多年的活动,环保志愿者共回收60万多个月饼盒,直接减少200多吨生活垃圾的产生,参与活动受教育的市民更是超过30万人次,提升了市民节约资源的意识,中秋月饼盒回收活动更是成为东莞建设节约型社会、循环利用可再生资源的一个品牌活动。

2006年春节,为解决市民节后大量丢弃的年花导致环卫工人加大工作压力的问题,熊国柱和他的伙伴们计划发起一个名为"春风护花"的活动,提醒市民弃花也是一种资源。迎春花市期间,熊国柱和志愿者们一起来到了花市,向花农派发自己制作的"春风护花"行动宣传卡,希望花农能把卖剩的鲜花捐献出来,不要随意抛弃,由志愿者将捐献的鲜花送给孤寡老人或者敬老院,让老人们也感受节日的快乐。他们的举动感染了很多花农,纷纷提出要捐出鲜花。年三十的晚上,在别人和家人共度除夕的时候,二十多位可爱的志愿者把花农捐献出来的年花赶紧送往敬老院和孤寡老人家中,给他们带去新年的祝福,带去温暖和关爱。

节后熊国柱还组织环保志愿者把市民的弃花进行花枝、花泥、花盆分类回收利用,避免整盆弃花直接丢弃增加环卫部门的压力。这些行动改变了花农砸破剩花的传统陋习,在社会上倡导树立良好的公民道德意识,弘扬文明新风。

这些环保行动都是熊国柱追梦路上的踏实脚步,熊国柱的环保决心随着这些活动取得的成果和反响更加坚定了。

为了美丽乡村——记乡村振兴青年志愿者

事业环保始，终生爱公益

　　熊国柱的事业不仅落在环保行动上，更超越了环保，落在公益上。2004年，熊国柱在跟东莞挂职干部交流中得知，山区还有由于家庭贫困上学困难的儿童，他开始坐不住了，向大家提议要开展广西宁明山区的助学活动，希望用自己微薄之力，帮助山区的学童。经过讨论，为了更好地了解山区的教学和学生的实际情况，第一批3名志愿者决定组成一个探访团，到实地了解情况。

　　2004年5月28日星期五下午6点，他们下班后，急忙赶到汽车站，乘坐夜间大巴赶赴南宁，第二天凌晨4点到达南宁，在南宁坐最早的班车到宁明。然后周日的晚上他们又坐夜车返回东莞。通过周末的两天时间，他们把募集来的文具和书籍送到宁明山区的学校，在2004年"六一"儿童节前向宁明的小朋友送去节日的祝福。那次，他们走访了那楠、桐绵、立门等乡镇小学和教学点，以及附近贫困儿童的家庭。当城市的志愿者看到冬天仍赤着脚、脚被冻得通红的学生，以及泥土地面一片泥泞、没有完整桌椅的教室时，他们都禁不住流下心酸的眼泪，他们想不到国家边境地区还有这么贫困的地方，还有教学条件这么差的学校。

　　当时，志愿者回来后，决定正式启动跟宁明的手拉手帮扶计划，帮助贫困儿童完成小学至初中的学习计划。后来，困境儿童的助学计划逐步扩大到广西龙胜、云南普洱、广东河源等地，先后资助了近400名贫困儿童。

　　另外，为了解决山区学童课余时间阅读书籍较少的问题，回到东莞后，他们跟麦田计划、市图书馆等机构联合开展了"善用资源，爱心赠书"旧书籍回收活动，收集市民家中闲置的尘封旧书，让旧书继续发光发热。2017年，他们又联合天成公益中心创建了绿色书库，定期在全市定点收集旧书，把旧书入库，分类存档，并分批次把书寄送到有需要的学校和山区。

他们先后建立了 10 个蒲公英爱心图书室，让山区学童可以在知识的海洋里遨游，受到知识的熏陶，让他们通过掌握知识来改变生活，走出大山改变命运，实现自己人生的梦想。也让城市与山区搭建起心灵之桥、爱心之桥。

在这个过程中，熊国柱做到了从"心"出发，真正投身于公益事业之中，用爱坚持公益，用真心感染他人。

勤奋做事业，反思促成长

反思是个人和团队成长的重要途径。在做公益事业的具体实践中，熊国柱也不断践行反思，来优化创新工作。

2004 年 12 月 26 日，由地震引发的印度洋大海啸，是 21 世纪初对人类造成伤亡最惨重的自然灾害。造成这次损失其中一个直接的原因是海滩的红树林等保护植物的消失，让海边失去了保护屏障。2005 年年底，偶然的机会让环保志愿者知道在东莞还有仅存的红树林，他们欣喜若狂，"想不到东莞还存在红树林，我们一定要保护好仅存的红树林"。

熊国柱与小伙伴们开展红树林巡航行动

熊国柱先后8次组织志愿者去考察红树林，探索如何更好地保护红树林，并与中国红树林保育联盟联系，寻求保护之路。为更好地让市民认识红树林，他们自费印刷并派发了《海之子——红树林保护手册》，编制虎门红树林绿地图，还开展了一系列包括环保展览和宣讲在内的志愿活动；发起"废旧报纸换红树"行动，通过把回收的废旧报纸换成购买红树林的种子所需资金，让东莞的海滩上生长更多的红树林。为使红树林有一个更好的生长环境，他们还不定期到海滩上清理海滩垃圾，为红树林的生存创造一个良好的环境。

2008年，东莞志愿者保护红树林的故事作为北京奥运绿色理念的宣传内容之一，登上了中央电视台，向世人展示东莞环保志愿者的风采。2009年，"保护红树林，拯救地球之肾"活动获得了第四届全国母亲河奖。在组织开展保护红树林活动的过程当中，熊国柱和伙伴们也对活动进行了反思。虽然，保护红树林的活动获得了成功，引起了社会对保护红树林的关注，但是如果社会的整体环保意识没有提升，那么，虽然保护了红树林单一一个物种，其他的物种还是会受到损害，生态环境的整体提升就会变为泡影。因此，从2010年开始，熊国柱又开始构思了红树林爱心驿站活动，通过环保驿站、爱心加油站的形式，传递环保知识、环保理念，在全市各镇进行巡回展示和宣讲，让更多的人形成环保的理念、拥有绿色的思想。

2010年7月，环保志愿者联合市妇联等单位，在寮步镇石龙坑社区首次设立红树林爱心驿站，通过把日常的环保行为编写为保卫太空、废物"考"利用、节水小先锋、绿色出行、能源大考验等十多个环保游戏，吸引更多的市民参与游戏，让其认识环保的重要性。大家通过参与也不断提升环保意识，端正环保行为。爱心驿站利用周末定期在公园、社区等公共场所，开设环保游戏项目，陪伴小朋友度过愉快的周末，并通过回访了解他们环保意识和环保习惯的提升情况，促进社区环境的改善。

目前，爱心驿站活动已经开展了60期，走进了全市20多个镇街的社区、公园等场所，行程近7000公里，影响了3万多名市民参与环保行动。参与志愿者已经超过3000人次，提供志愿服务9000多小时。

2011年，熊国柱意识到一个地区能否持续稳定发展，一个很重要的影响条件就是当地是否有洁净的河流和水源,因此他组织伙伴们花了近一年的时间,先后对东莞运河和东江,以及上游的江西寻乌、广东河源等地进行实地调查考察,了解东江的环境保护现状,深入探讨如何才能更好保护东江。

2012年,他们发起"保护未来,关爱东江"爱心行动。为保护东莞唯一的饮用水源东江,熊国柱带领市民开展保护东江绿道骑行、徒步、清洁东江垃圾等活动,在东江上游的河源市建起爱心水窖、爱心书屋和爱心驿站,关注东江上游贫困家庭的生活和脱贫问题,向当地村民和学生灌输环保理念,带领他们共同保护东江母亲河。通过保护东江行动,越来越多的市民了解到保护东江的重要性和紧迫性,更加主动地参与保护东江行动。开展关爱东江上游贫困孤寡老人活动,解决他们居住的危房问题,并在2014年12月筹资建立第一间环保爱心屋,使贫困老人老有所住。

2018年,他们开展"河流守望者"活动,又把"民间河长"玩出新花样,让大家觉得有新趣味。他们寻找了一批住在河涌边上的志愿者,让他们将"随手拍"和保护河涌相结合,具体来说,就是志愿者们每天出门经过河涌的时候就随手拍一张照片。这样日积月累,一年下来就拍了365天不同的河涌靓景,可以清晰地看到一年里河涌水质的变化,这组照片也就相当于给河流建立了一个档案,成为一份"体检报告"。开展"河涌侦察兵"活动,带领市民去检测河流的水质,用数据说话,虽然数据不一定准确、权威,但是通过每次的数据也可以绘制出水质变化的曲线,另外这些也是市民亲身体验得出的数据,更具说服力。此外,开展"河流体验师"活动,带市民去河边亲近河涌,亲身感受水质变化情况,认识河涌,捡拾河岸垃圾,用自己的行动保护母亲河。而最后,最"烧脑"的一项要数"河流大管家",需要大家集思广益,开展头脑风暴,想出改善河涌水质各种可行的解决方案,把解决方案递交给政府部门。

他们还通过在学校中开设"水课堂",不断提高学生的环保意识和行动力,促进全民参与保护"母亲河"。多年来,"民间河长"活动共向政府相关部门反馈巡查发视的污水排放问题12次,为推动环保事业贡献了力量。

通过反思来优化工作,熊国柱的环保事业有了坚实的台阶。不仅如此，他还积极探索如何向更多人普及公益。2011年，在香港学习期间，熊国柱参观了粉岭资源中心、香港湿地公园等香港的公益机构。回来后，他一直在构思，如何在东莞也建设一家由政府资助，志愿者运营，向公众免费开放的公益教育馆。多年来，他们也在一直跟多个公益团体研讨，如何共同达成这一愿望。熊国柱牵头制定全市环境教育基地规划，希望在全国率先创新推动环境教育基地的组团式发展，使市民和学生就近、就地参与社会环境教育，增强环保意识。2018年，在政府的支持下，熊国柱牵头规划设计了东莞首家由公益志愿者团队运营的市民亲子公众教育馆——大气环保体验馆，环保体验馆从大气保护、垃圾分类和减量、自然教育、保护水资源等主题入手，开展环保宣讲活动和体验式活动，多渠道、多方式、多角度宣传大气污染防治工作，推动全社会树立"同呼吸、共命运"的理念，大力推广公共交通出行方式，倡导低碳绿色出行，形成全社会共同参与的良好氛围，成了东莞市生动宣讲习近平生态文明思想的重要场所。熊国柱说，这个体验馆的一砖一瓦无不倾注了自己的心血和寄托，希望它能给公众带来家的感觉，在家里可以轻松自由地学习环保知识，进行生活体验。

　　熊国柱认为公益不应该是一成不变的。他表示，我们坚持了这么多年环保公益，得到社会各界的认可，那便是我们最大的鼓舞与动力。同时，我们将志愿服务与环保理念相融合，不断与时俱进，从问题和痛点出发，解决实际需求，把公益做得更有深度。

　　从前的他秉承着助人为乐之心而投身公益事业，而现在他更关注的是问题的根源所在，想从根源出发以真正解决问题。公益事业不仅仅是要用心，还应该多关注公益的发展，多思考如何解决公益的深层次问题。例如在探访孤寡老人的公益项目中，熊国柱认为，不应该仅局限于探访聊天这个层次，而是更深层次地与他们交朋友，了解他们的真实所需，并解决好实际问题。

　　他认为环保关乎全人类的生命健康与安全，更应该从"根"抓起，因此小孩子的环保教育是极其重要的。所以熊国柱的环保公益宣传团队大力提倡学校教育的同时也十分鼓励家庭环保理念的教育，宣传环保理念必须从小抓起，家校合一。

一颗公益心，一生环保行——环保公益人熊国柱的故事

熊国柱在建成的大气环保馆前

为促进学校环保教育工作的开展，熊国柱义务担任全市20多所中小学校、幼儿园的环保宣讲员，经常利用休息时间到学校宣讲。通过宣讲当前国内外的环境形势、人类面临的环境危机、作为公民如何参与环保

等知识，让学生从小萌发环保的种子，并让种子在学生心中生根、发芽，推动学生积极参与环保公益活动，不断壮大环保的宣传队伍，培养他们成为未来环境的守护者。

志愿大家庭，艰难无所惧

2005年，熊国柱开始筹建第一支专业的环保公益宣传队伍，当时社会对环保公益事业的认识还处于萌芽状态，公益队伍获得社会上的帮助是非常有限的，很多事情都需要自己做，白天上班，晚上就自学电脑设计软件，逐步制定相关制度、公益环保海报、绘制环保宣传画等。面对"创业"时的艰难，在熊国柱看来，自己要变得什么都能做到，自己是万能的，凭着一腔热情与真诚、努力和执着，迎难而上，投身公益。2006年8月，在相关部门的支持下，经过多年的筹备，东莞市第一家环保公益团体——东莞市环保志愿服务总队正式成立。他始终深信，通过不断地努力，可以让更多的人能参与到环保公益当中。

作为一个草根的志愿者，熊国柱面临和经历了各种各样的困难和磨炼。面对参加人员"三月来，四月走"的情况，他经常鼓励志愿者：政府一定会更重视志愿者，一定会给大家更多、更好的照顾和关怀的。但事实上，企业或者单位真正能给到志愿者一些实际的经济待遇，或者晋升机会都是比较难实现的。甚至有志愿者说到，他们因参加一个志愿者活动要向公司请假，公司甚至还要扣他们的工资！这是真实的事例，因为他们是草根的志愿者团体，没有经济补贴，只能凭着自己对东莞的爱，凭着自己对环保的热忱而坚持。

但是正是这样的一个无正式注册、无资金来源、无物资支撑的"三无"杂牌军，靠他们每一个人无比坚强的热情、意识和韧性，以及无私奉献的理念和精神，在一些正规的公益大赛中，屡屡战胜"正牌军"。"在非营利团体中，开展环保公益活动并非易事，缺钱、缺人，但从来不缺信心。"

熊国柱深感自己肩上的责任，他所说的责任和压力，并不是组织活动方面的压力，而是作为一个志愿者团体的大家长，他不仅要照看1000

多人的"起居饮食"问题，志愿者找媳妇要"大家长"做"家长"，找不到工作也要为他们操心就业，人生规划有困难也都要为他们出谋划策。因为志愿者就是一个大家庭，家庭中谁有困难，就会有来自四面八方的支援。凝聚力是使志愿者大家庭从3个人走到今天，成为2903名志愿者大团体的重要原因。有人戏称，中国的企业的平均寿命仅2.5年，集团企业的平均寿命仅7~8年，你们的环保志愿者团体在没有物质经济支持的情况下，竟然活了16年，是一个了不起的奇迹。

2017年，他们在有100多支队伍参赛的全市"益苗计划"志愿服务项目大赛中，凭借"自然教育项目"斩获铜奖。2018年，在全省"益苗计划"志愿服务项目大赛中，他们有两个项目在800多个参赛项目中脱颖而出，跻身全市25个最终获奖项目之列，"河流守望者"项目更是跻身东莞市前三甲。他们用意志和信心战胜了一切困难，虽然他们都是利用业余时间去参赛，但是用自己的真心去为社会付出，用自己的智慧做好环保公益，他们做到了同台竞技，永不认输。

或许在一般的人眼中，拿出这么多时间花在公益和参加志愿活动上，家人肯定不会赞同，然而在熊国柱看来这是不矛盾的，他把家人一起动员起来参与活动，使亲子时光更加有意义。

这里不得不说一下熊国柱的儿子和植树节的机缘。2008年3月12日的植树节，熊国柱的儿子出生了。当天上午熊国柱在松山湖组织完植树节活动后，便匆匆忙忙地来到人民医院的产房前，静静等候大儿子的出生。中午儿子呱呱坠地，此后熊国柱每年的植树节，都要带着儿子亲手植下自己的一棵愿望树。

从2009年在同沙的环保志愿者林，亲手种下第一棵小树苗开始，儿子也跟随着父亲的脚步，一起参与环保公益。松山湖植树节、河源种植水源保护林……每次的环保公益活动，都少不了儿子的身影。熊国柱说，希望自己的环保公益活动，能带着家人，一同享受家人同乐的氛围。"近年来，我们真切地感受到，东莞的水逐渐变清了，空气变好了，越来越多的市民主动参与到环保志愿活动中。"熊国柱说，一路走来，他无怨无悔，但也有遗憾，"我很多年没有带孩子去过游乐场，很少有空和家人去看一场电影"。熊国柱称，现在孩子长大了，妻子和孩子也经常跟他一起参与环保公益活动，这让他颇为欣慰。公益不是有钱人、有闲人才能做的；只要用心，任何人都可以参与。"公益也不仅仅是帮助他人，还可以帮助自己成长，让人与环境更加和谐。"

自从儿子出生后，熊国柱的环保公益活动又开始关注自然教育。2016年，他从活动中引入自然教育理念，引导广大家长和青少年朋友一起通过参加活动重新回归到大自然，通过水稻种植、观鸟、植物观察、保护禾花雀、生态游戏等活动，重建人与自然的链接，关注自然生态保护。2017年"爱地球自然教育活动"项目被评为东莞市"益苗计划"示范项目。2019年开展"童爱护河"党群公益行活动，通过党员志愿者的引领作用，大小环保志愿者共同开展保护水资源志愿服务，共同走近河涌和户外，培育对自然的感情，萌发保护自然的理念。

熊国柱说："做志愿服务的日子里，不仅自己天天感动别人，自己也天天被其他志愿者感动。"

真妈，70多岁，是他们团体当中年龄最大的志愿者，一家四代同堂，都是环保志愿者。每当看到真妈矮小的身形，跟着大家一起收年花、捡垃圾、做环保宣导、做垃圾分类，熊国柱心里就一阵感动。70多岁的老人家，不但自己像年轻人一样做环保，还带动了儿女和孙子一起参加活动，是名副其实的环保志愿者大家庭。

一路永向前，公益无止境

"做一件好事不难，难在一辈子都做好事。"这也是熊国柱的人生写照。2005年，熊国柱发起保护红树林行动，回收超过数十吨的旧报纸，购买红树林的种子，让其扎根在东莞美丽的海岸线上。保护红树林行动获得广东省优秀志愿服务项目奖。2008年，熊国柱当选为北京奥运火炬手候选人，2010年当选为广州亚运火炬手。在谈及从事公益事业过程中所遭受别人异样的眼光这个问题，他说："一个做公益的人不需要去计较别人的眼光，我们做好事不是为了出风头，而是实实在在做自己力所能及的事情，所以我不需要在意别人的眼光，只需要凭真心而为就足够了。"

在一次将旧挂历纸制成作业本送至梅州盲童学校的志愿活动中，熊国柱看着盲童用手触摸着地面爬楼梯，用手去认识文字，用手去感知外界……他的内心受到了触动。"只有当你亲身在那个地方，才能真正感受到那些孩子所面临的困境。当你亲眼所见，你的恻隐之心便会促使你去坚持每个志愿活动。"他轻声地说。他做公益，并不是轰轰烈烈地将全部时间和全部精力投放进去，而是选择一些润物细无声的方式去坚持公益。

"公益就在我们身边，垃圾分类、捐赠旧衣等行动其实都是一种公益。"做公益的方式有很多种，并不一定要专门抽出时间去参与公益活动。"我们不可能让所有人都参与到公益实践中去，但我们可以培养他们日常的公益意识。"熊国柱认为宣传公益更重要的是现身说法，将自己以往的经历与感触分享给别人，才更有说服力去感染别人，吸引他们自觉地参与到公益来。

在环保问题前面，任何人不能独善其身，环保需要每一个人行动起来。"行胜于言"，熊国柱眼里，每一个做公益的人都是"最美"的。真正的公益人，不仅要对公益事业怀抱无限热爱和忠诚，还应拥有一颗公益心，拥有践行环保的恒心与毅力。倡环保，宣理念，见行动，熊国柱带领百万人守护莞邑生态家园，合力画出环保"同心圆"。

为了美丽乡村——记乡村振兴青年志愿者

心谋大家利，奉献绽芳华
——服务乡村志愿者谢利芳[1]的故事

若你问谢利芳"投身乡村振兴志愿服务的理由是什么"，她应该会毫不犹豫地告诉你："始于热爱，陷于情怀，终于责任。"

谢利芳从小受爸爸妈妈关于"老吾老以及人之老，幼吾幼以及人之幼"的教导，她坚信如果能够做到像孟子说的那样"亲其亲，长其长"，那我们的社会关系定然是充满温情和友爱的。因此力所能及地帮助他人早早就成为她的一种习惯。

志愿是她的情怀

谢利芳从高中开始成为一名志愿者，在此后的青春岁月中，一个关于参与志愿服务的"小众"喜好养成记便开始慢慢书写，镌刻她成长的足迹。

在步入大学远离家乡之后，谢利芳充分利用自己的课余时间，为周边需要的群体送去温暖。师范专业的她，每周至少两次下乡义教，别的同学在利用专业知识做兼职的时候，她坐公交车到小学里开展义教；别

---

[1] 谢利芳，广州市从化区青年志愿者协会秘书长，志愿服务时数1021小时，积极投身乡村振兴和关爱青少年成长志愿服务中，曾获2019年度"从化区平安志愿服务突出贡献个人奖"、2020年度"从化好人"、2020年度"四个100"——广州青年志愿服务先进典型之"最美青年志愿者"等荣誉。

的同学都在休息的假期时间，她与志同道合的小伙伴前往周边的敬老院与爷爷奶奶们聊天、陪伴他们做手工，或者为他们表演节目。渐渐地，在谢利芳的心中对志愿服务活动燃起一种"热爱"，也就是这样很多个平凡的周末，她穿志愿者小马甲的次数越来越多，久而久之，融进血液的"热爱"或许已经可以称为"情怀"。

2015年6月，刚刚踏出大学校门的她回到家乡，团区委的实习锻炼和区青年志愿者协会的工作经历，让她接触到志愿服务工作更深层次的工作内涵。一步一个脚印，谢利芳在每一次的活动中不断积累经验，从前期的情况摸查、数据整理、活动谋划，再到资源链接、场地布置，以及后勤保障工作等，随着她处理工作的广度和深度逐渐增加，内心的思虑也更加深沉，她关注到偏远山区学校困难学子的微心愿、农村困境家庭青少年儿童的辍学歧途、服刑人员未成年人子女"罪二代"的自悲与自卑……她深切体会到了社会特殊群体的孤独与不易，更感受到了一份沉甸甸的社会责任。

习近平总书记强调："要倡导社会文明新风，带头学雷锋，积极参加志愿服务，主动承担社会责任，热诚关爱他人，多做扶贫济困、扶弱助残的实事好事，以实际行动促进社会进步。"谢利芳以此为志，为助推乡村振兴贡献青春力量，努力为需要的群体送去温暖。

谢利芳深知，实施乡村振兴战略，是党的十九大做出的重大决策部署，是新时代"三农"工作的总抓手，更是从化区发展战略定位的总体布局。她围绕中心，服务大局，以"志愿者+"工作模式，在工作岗位上务实创新，从党政关注、社会急需、青年能力的结合点上选择工作重点和服务内容，以"让乡村更有活力，让青年更有作为"为目标，着力推动志愿服务项目化，打造了多个志愿品牌项目，积极促进从化区志愿服务事业的蓬勃发展。

谢利芳始终以奋斗者姿态积极投身乡村振兴志愿服务工作，以实际行动证明幸福和美好的未来需要从勇毅而笃行的实践中获得，为奋力打造文明富裕的全国全省乡村振兴示范区贡献青春力量。

为了美丽乡村——记乡村振兴青年志愿者

队友是她的牵挂

在基层志愿服务的路上，辛苦流汗是常事。尤其是新冠疫情后，奋战到深夜、坚守到凌晨，又或是沉睡中遇到突发工作，如此这般的工作常态，已然让谢利芳形成了24小时手机在线待命的工作习惯。工作中偶尔也会遇到难题，但可爱可敬的志愿者们总会及时给她最大的支持与帮助。临时有工作任务需要志愿者协助，上一次是午饭时间、最近一次是深夜，还有那一次是大年初三……但不管是哪一次，有呼必有应，志愿者骨干们总能接力帮忙，听得最多的回应是："芳芳，你稍等，我往回赶。""芳芳，我可以。"就像那句话说的："一个人可以走得很快，但一群人能够走得更远。"

在从事志愿服务的路上，她凝聚着志愿者，也为志愿者们做好了大量的支持服务，队友们开玩笑说："芳芳，你是志愿者的志愿者。"

秘书处工作烦琐且杂乱，承上启下、内务管理、活动开展、配合协助上级组织完成有关工作任务……作为负责主持全面工作的常务副秘书长，谢利芳在做好本职工作的同时，还时刻留一分热情用于服务志愿者，为志愿者提供保障、答疑解惑、解决问题，让无私奉献的志愿者更有体验感与获得感。

作为一名服务于志愿者的志愿者，她经常在深夜十一点多甚至凌晨收到志愿者的各种信息来电，但她毫无怨言，分轻重缓急，积极解决问题。在从化区文明办与团从化区委的领导下，从化区青年志愿者协会带领着一支完善的公共文明引导志愿服务总队，常态化开展公共文明引导志愿服务工作，主要在区内5个重要交通路口及青云公园、金瓯广场两个人流密集的场所，在上下班高峰期，每天定时定点开展文明交通指引、卫生巡逻、平安联防志愿服务活动，并针对市民不文明行为及时进行劝导。

某日，公共文明引导志愿服务资深值岗志愿者珍姐在做文明劝导志愿服务时，外来务工人员何某因心理障碍问题对劝导行为产生不满，突然对珍姐进行人身攻击的不当行为，路过的谢利芳立刻协助报警处理并陪同珍姐到派出所，结束长达4个小时的笔录与协调后，珍姐在派出所门口紧紧握住谢利芳的手，珍姐有点用力过度的手劲儿让谢利芳猜想珍姐可能仍在受惊状态没有缓过来。在后续医院检查中确定珍姐身体无大碍后，谢利芳联系了专业的心理老师对珍姐进行多次线上的慰问与辅导，给予其情感安全支持，使珍姐尽快恢复正常生活状态。在谢利芳看来，无论是关键时刻的陪同还是后续的联系心理老师做辅导，这不过是举手之劳。但珍姐后来却专门到办公室对她表达谢意。关于这件小事，谢利芳内心是复杂的，她庆幸刚刚好能为志愿者提供力所能及的支持，同时意识到志愿者后勤保障工作不足，既要倡导志愿服务理念，推动志愿队伍建设，也要努力做好志愿者的"撑伞人"。为尽量避免为助推文明城市建设无私做贡献的志愿者受无妄之灾，一方面，她进一步加强了志愿者专项主题培训；另一方面，增强与周边派出所的沟通联系，请派出所结合工作实际加强巡逻，为值岗志愿者提供多一份保障。

投入是她的态度

谢利芳心中常念："道虽迩，不行不至；事虽小，不为不成。"她在日常工作中，一丝不苟，认真负责，专注投入，力求做到最好和更好。

从2019年开始，谢利芳就积极投身于生活垃圾分类志愿服务行列。6月，谢利芳牵头组织成立生活垃圾分类志愿者队伍，常态化组织开展形式多样的主题宣传活动。8月，从化区青协承接了区垃圾分类志愿服务项目，谢利芳笑称，那是一段做梦也会是关于垃圾分类内容的时期。从前期的认真负责、卖力争取项目到后期的全身心投入生活垃圾分类志愿服务工作，她深知，生活垃圾分类工作是一项长期且不容易的工作，但也相信必将是行得通、办得到、走得远、搞得好的一项利国利民的工作，同时也会是一项造福子孙后代、推动社会发展的伟大事业。

为了美丽乡村——记乡村振兴青年志愿者

生活垃圾分类这项事业优势是"处处可为，人人可为"，而难点恰恰是必须"人人参与，全民参与"。谢利芳再次深刻认识到，想要做好生活垃圾分类宣传工作，首先必须得先读通吃透生活垃圾分类的有关管理条例、管理办法以及相关的垃圾分类知识，从自己做起，从身边做起，以实际行动参与生活垃圾分类，以实际行动影响身边更多的人参与垃圾分类！谢利芳下定决心在伟大的新时代进程中，要做这个新时代的开创者、奋进者、奉献者，而不要做彷徨者、旁观者。她通过线上线下不断加强学习，慢慢掌握越来越多的垃圾分类的专业知识。9月7日，谢利芳被团从化区委聘为垃圾分类讲师，在区城管执法局的指导下，谢利芳牵头组建了30支样板小区垃圾分类志愿者队伍、10支示范村垃圾分类志愿者队伍、3支示范街垃圾分类志愿者队伍、9支高校垃圾分类志愿服务分队，以及1支高级技工学校垃圾分类志愿服务分队，每月常态化组织垃圾分类志愿者开展形式多样的主题宣传活动。

2019年，谢利芳到乡村开展垃圾分类主题宣传志愿服务活动

就这样，2019年6月至2022年4月，小个子、大能量的谢利芳走遍了从化区30个样板小区、3条示范街以及10个示范村，其间累计组织开

展垃圾分类主题宣传活动 196 场次，其中大型宣传活动 12 场次。谢利芳开展并负责宣讲的垃圾分类主题宣传培训 15 场，培训对象涵盖青年团干、高校大学生志愿者、职校学生、社区干部、小区物管、村委干部、保洁员、企业职工、村居民等共约 1800 人。在谢利芳的努力下，形式多样、内容丰富的垃圾分类主题宣传活动，深入浅出、接地气的垃圾分类主题培训，让越来越多的市民朋友在欢乐的氛围中认识垃圾分类、接受垃圾分类、参与垃圾分类并逐渐影响到身边的每一个人。

护航是她的选择

"我是革命一块砖，哪里需要往哪搬；我是发展一只花，哪里能开往哪插。"这是谢利芳的真实写照。她服务在无数个需要服务的战场，为需要的人和事保驾护航。

"她爸爸妈妈坐牢了，她以后肯定也会进去……"有这样一群人，他们没有犯过罪，但是要承受父辈犯罪带来的痛苦，面对这样的孩子，谢利芳感受到了他们的需要，"同在阳光下——关爱服刑人员未成年子女"品牌项目成为她的选择，她走到服刑人员未成年子女身边，倾听他们的诉求。

通过"志愿者＋社工＋N"工作模式，联动区司法局、从化监狱志愿服务队、村委、基层党员、爱心企业和大学生志愿者等力量，为服务对象带来专业的法规政策宣讲、权益保护、送教上门、反欺凌、自我保护、偏差行为纠正及亲子关系修复等服务，搭建多资源平台的未成年人保护网络。

通过前期对全区目标群体的摸底排查和需求调研，实现"清底数、有分级、能跟进"三大作用，为服务工作的开展提供依据。针对服刑人员子女在生活照料、心理健康、人际交往、权益保护、法律法规认知、偏差行为纠正和社会倡导等方面的需求，联动司法局、法院、监狱、党员服务队、爱心企业和志愿者等多方力量，为其提供多资源网络平台的服务。她的做法可以总结为：一是提供"同·学——生活和学业支援"

服务。生活保障方面，链接企业、民间助学、低保等正式和非正式资源，改善服务对象因贫辍学问题，维护服务对象的基本权益。学业支援方面，链接高校志愿者等资源，开展定期的阳光义教活动，改善服务对象学业无人辅导、学业成绩差引起的无心向学或辍学问题。二是提供"同·心——心理健康支援"服务。社工通过一系列的情绪管理和抗逆力等小组活动和个案辅导等手法，改善服务对象"罪二代"标签带来的情绪压力、社交压力和不良行为等问题。三是提供"同·法——法律法规认知"服务。在法制教育和权益保护方面，联合法院、司法部门、监狱、村委等力量，通过政策入户宣传，协助服务对象及其家人掌握远程探监、未成年人保护等政策法规，提升服务对象遵纪守法和运用法规保护自身合法权益的意识。四是提供"同·爱——亲子关系修复"服务。协助服刑人员子女改善亲子关系，一方面提高其对家庭的依附力，另一方面也促进服刑人员安心接受改造、重新适应家庭和社会。五是提供"同·行——社会倡导"服务。服务过程中注重党建引领，发挥优秀党员作用，对于一些歧视和偏见等不良影响较大的村落，建立定期帮扶、社会倡导

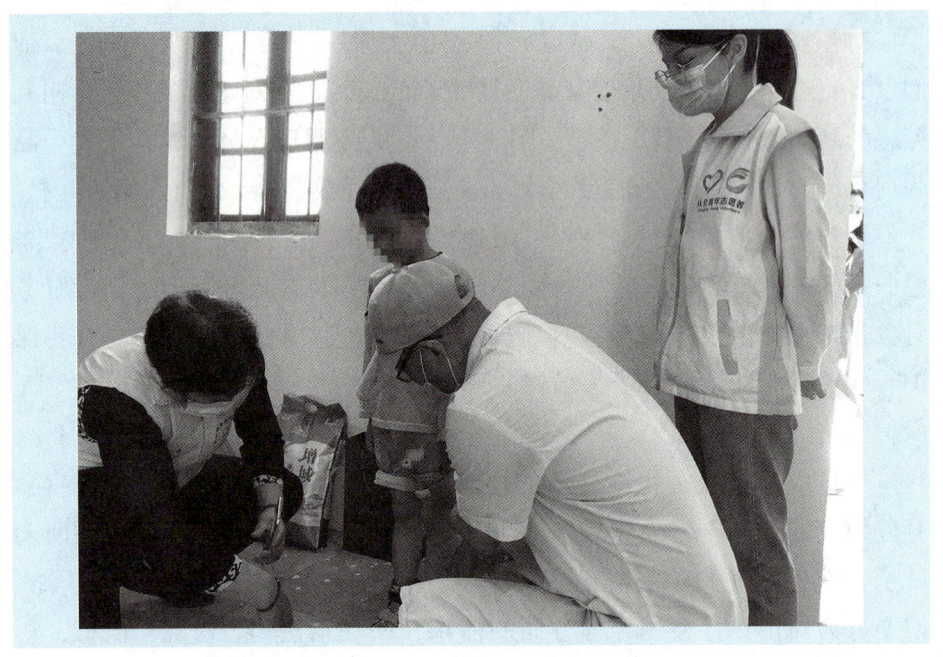

2021年12月底，谢利芳关爱服刑人员未成年人子女，为患有腿疾的小朋友链接专家医生资源，上门义诊

等，帮助服刑人员子女"去标签化"，引导社会包容和接纳他们，营造有利于服务对象身心健康成长的社会环境。

截至2022年4月中旬，累计开展小组和社区活动共40场，服务2962人次。谢利芳用一束光照亮了服刑人员子女的心，让他们离开黑暗孤寂，避免了犯罪的代际传递。

面对家庭贫困且优秀的青少年学生的阅读贫困问题，她也选择了站出来，深化"从化书香校园优秀读书郎"成长营计划志愿服务项目就是在这样的需要下设立的。她在从化区山区学校大力联合作家协会、学校、村居、爱心企业等，定向合作，形成合力，以"志愿者+"的工作模式，在团从化区委的指导下，联合区教育局团委、区作家协会、从化电台"流溪河之声"、区图书馆以及一众爱心企业开展系列志愿服务活动。一是通过从化作家协会专家讲座、经验交流、参观体验、手工坊、制作手抄报等丰富多彩的形式走进校园。二是带领活动对象走进特色小镇、走进美丽乡村开展系列第二课程。三是通过课外阅读读本、学习文具，激发活动对象的学习热情。四是开展"从化书香校园优秀读书郎"征文活动等一系列深度阅读推广志愿服务活动，检验从化乡村学校孩子们的阅读成果。

项目自2016年开展至今，经过6年多的发展，不断深化提升，累计开展区作协专家级作家跟学生面对面进行的讲座授课、手工坊、制作手抄报等各类第二课堂和采风活动13场，活动走进6所中学、7个特色小镇；依托志愿驿站，在新世纪志愿驿站和汽车站志愿驿站不定期开展各类型阅读推广志愿服务活动共约60场次；深入各类中大院校组织2000多名师生参与挖掘数十个优秀作品进行评优奖励。该项目为乡村的孩子们提供形式丰富的第二课堂，培养深度阅读和提高写作能力，导航"乡村小作家们"去挖掘从化乡村的特色与美丽，通过春风化雨、润物无声的方式传播文学的真善美，诠释新时代志愿服务精神。这个项目有机促进志愿服务与乡村振兴相结合，为乡村青少年阅读与写作发展提供一个新平台，有力营造了广大青少年和志愿者共同参与特色小镇建设的良好氛围，让深度阅读与写作成为乡村青少年成长成才的源泉，成为特色小镇志愿服务活动中的一张文化标签。形成美丽乡村共建共享的良好局面，为乡村振兴护航亦是她的选择。

为了美丽乡村——记乡村振兴青年志愿者

2022年8月底,谢利芳开展"优秀读书郎"志愿服务活动,到乡村开展第二课堂

谢利芳不仅为需要她的人护航,也为家乡的环境护航。2020年6月,谢利芳协力组建了从化区青协河青水秀志愿服务总队,以"高校志愿者+社会青年志愿者+专业力量"合力合作的工作方式,常态化组织开展巡河护河志愿服务工作,守护了她的家乡。

流溪河位于广州市西北部,由众多溪流汇集而成,流溪河从化段水质良好,是从化区最主要的水域,也是广州市重要的饮用水源地。随着城市经济与人口规模的迅猛发展,污染物产排量的增加对水源水质存在一定的污染风险,流溪河水源地水质保障压力将不断增大。切实保障流溪河水源水质,充分发挥青年志愿者的积极作用,助力做好流域污染防治工作很关键。

2020年6月至2022年4月,谢利芳组织累计开展巡河护河志愿服务活动45场次。主要环绕从迎宾桥到风云岭湿地公园以及小海河总共35公里河岸线,组织约710人次志愿者巡河走过180公里,拍摄问题照片510张并收集反馈到相关水务部门的公众号180次,获得受理105次,已改善问题80余次。这一系列的数字都是她的努力。河青水秀巡河护河志愿服务专项行动取得了丰硕的成果:一是切实把流溪河从化段主要流域存在的问题及时上报有关单位;二是充分发挥青年志愿者优势,尤其是大学生志愿者的积极能动性,向市民传播了志愿精神,传递了环保理念,进一步提高了全民参与生态环境保护工作的积极性和主动性,让更多的市民能够加参与到生态环境保护志愿服务中来,共同爱护环境,争做爱水、护水、治水的倡导者、践行者和捍卫者,共建共治共享生态和谐家园。在为治水护水、保护环境做努力的同时,巡河过程中的谢利芳和志愿者们还为困境长者冬日里送被褥、更换照明电器、帮助其实现拥有电饭煲的小心愿,为百岁老人链接专业资源入户上门义诊义检,为心智残障人士庆生日、送温暖……这些微不足道但暖入人心的事情,每一次都让谢利芳的志愿之心更加坚定。

2022年4月,谢利芳参与疫情防控人文关怀志愿服务工作,为防控区、管控区生日的居民送上生日慰问

在她的护航过程中,她也注重反思及时发现问题、挖掘优秀案例、提炼先进经验。积极探索新媒体动员的多种载体,利用网站、APP、不同青少年综合服务平台等阵地广泛进行宣传推广;向青少年及社会公众广泛传播绿色生态理念的同时,践行"奉献、友爱、互助、进步"的志愿服务精神,营造良好社会氛围,吸引更多青少年和社会力量广泛关注和参与,让护航成为更多人的选择。

担当是她的底色

2020年春节前夕,新型冠状病毒肆虐,面对防控新冠疫情的严峻斗争,就像往常一样,只要有需要,谢利芳就会出现。她积极响应,行动迅速,根据团从化区委以及上级组织相关工作要求,充分发挥团员青年志愿者积极作用,结合工作实际,迅速组建了一支共有173名青年志愿者的从化区青协青年战疫志愿突击队奋起担当。

服务队内设心理疏导、便民服务、物资整理、秩序维护、线上培训等分队及小组,根据工作实际及具体需求开展了文明交通指引、防疫知识宣传、外地返穗人员回访、测温登记、助力复学、关爱抗疫一线医护人员、公益助农、守护社区行动、网络文明青春引导等一系列青年志愿服务。2020年5月,从化区青年志愿者协会受邀安排青年志愿者代表参与央视《焦点访谈》栏目的拍摄播报。

2021年5月,广州出现本土疫情,谢利芳一往无前,迅速行动,根据团从化区委以及上级组织相关工作要求,不仅积极做好幕后组织协调工作,还奔赴疫情防控志愿服务工作最前线,紧紧围绕"我为群众办实事"及疫情防控工作配合做好疫苗接种、核酸检测、常态化疫情防控宣传等志愿服务工作。截至8月5日,累计组织青年志愿者5669人次,参与疫情防控志愿服务时长43149小时。2022年4月3日,从化出现本土疫情,"0403"专项工作以来,她积极响应,行动迅速,4月4日起,不间断每天到旺城北社区,投身本轮疫情防控志愿服务工作。根据有关工作要求,迅速以区青年志愿者协会为抓手，做好组织动员，通过协会内部招募，组织有经验的志愿者骨干积极参与，组建从化区青协应急救援志愿服务队伍，为旺城北社区疫情防控志愿服务工作做好应急志愿者储备工作。4月4日至4月16日，在区、街道人文关怀组的领导下，在区志愿者行动指导中心的统筹下，每天分3个班次组织安排青年志愿者到旺城北社区助力疫情防控志愿服务工作，提供信息登记、秩序维护、物资搬送、信息咨询、特殊群体人文关怀以及24小时心理咨询辅导等志愿服务，切实为群众办实事、听心事、解难题。累计出动青年志愿者191人次，累计志愿服务时长超860小时。

奉献是她的快乐

苏霍姆林斯基曾说：对人来说，最大的快乐、最大的幸福是把自己的精神力量奉献给他人。从学生志愿者到基层志愿服务工作者，谢利芳投身志愿服务已逾十年。其间，妻子、母亲等身份的转变，也曾让她的志愿服务工作面临过许多挑战，但也收获更多。因工作原因，平常与先生分隔两地，而假期，却又总是志愿服务活动繁忙的时候。先生嗔怪她不能赴家庭约会，但转身便与她一同参与志愿服务，成为她的好搭档。孩子生病未能陪伴，婆婆给她"定心丸"，让她安心加班工作。当听到孩子对其他的小朋友自豪地说"我妈妈是志愿者哦"时，她的心理防线瞬间被击破。家人是软肋，也是盔甲，更是她志愿服务前进道路上的同行者。她衷心感谢家人的无条件支持，让她可以一如既往选择志愿服务工作。

谢利芳没有惊天动地的壮举，也没有耀眼夺目的光环，但她凭着一颗炽热的心和对志愿服务事业的执着追求，在平凡的工作岗位上默默奉献，无私地干着一件件最不平凡的事情。行胜于言，她身体力行地丈量着志愿服务前行的里程，她相信江海要靠一滴一滴水的汇集，高山要靠一抔一抔土的堆砌，任何一项事业都要从一点一滴做起。同时，谢利芳的信念和事迹也是对我国传统文化中知行合一的精神和马克思主义实践观的继承和发展的最好阐释。

后　　记

团的十九大报告指出，"深化实施乡村振兴青春建功行动……着力动员青年以多种方式参与和支持乡村发展"。本书围绕美丽乡村建设这个时代主题，邀请13位曾经参与乡村建设的青年志愿者结合自己的服务经历为广大读者讲述一个个动人的乡村振兴服务故事。

本书的编写得益于广东省志愿者行动指导中心（广东省希望工程服务中心）、广东省志愿者联合会、广州市文明办、广州市志愿者行动指导中心、广州市志愿服务发展中心等单位对该项工作的鼎力支持，感谢丛书顾问广东省志愿者联合会会长顾作义对采写工作提出宝贵意见，感谢广东高等教育出版社有限公司及编辑团队、出版团队的执着奉献。感谢新疆职业大学教师黄雍惠、珠海市斗门区乾务镇中心小学教师林翠萍、广州市花都区教育局花东教育指导中心罗淑萍、广州市天河区汇景实验学校陈玥羽、广州市番禺区钟村钟一小学刘艳、广州市花都区新雅街嘉行学校谢梦远、广东实验中学荔湾学校张淑薇、广州市从化区鳌头中学方彩连、广州市花都区教育局城区教育指导中心黄雁璇、广州市南沙东涌中学王绮文、深圳市立人高级中学钱惠、深圳市坪山区弘金地学校杨萌等教师的参与，还有为该项工作付出的广州市团校（广州志愿者学院）钟良老师、罗飞宁老师，深圳市坪山区中山中学郭晓英老师。

鉴于编撰时间较为仓促，本书仍有诸多不足和缺点，望大家不吝赐教，以便改正。

编　者

2023年10月